SPANIEN

Kulinarische Streifzüge

RAFELS
PIMIENTO
240
LECHUGA
80

Erika Casparek-Türkkan

SPANIEN

Kulinarische Streifzüge

Mit 72 Rezepten,
exklusiv fotografiert
für dieses Buch
von
Hans Joachim Döbbelin

SIGLOCH
EDITION

Atlantischer Ozean
Golf von Biscaya
El Ferrol del Caudillo
La Coruña
Luarca
Avilés
Gijón
Siero
Tineo
Oviedo
Mieres
Llanes
Santander
Torrelavega
Baracaldo
Bilbao
San Sebastián
Galicien
Lugo
Asturien
Santiago de Compostela
Kantabrisches Gebirge
Baskenland
Navarra
Pyr
Monforte de Lemos
Ponferrada
León
Vitoria
Pamplona
Pontevedra
Vigo
Orense
Burgos
Logroño
Ebro
Esla
Huesca
Palencia
Tudela
Schafzucht
León
Valladolid
Aranda de Duero
Soria
Zamora
Zaragoza
Tordesillas
Duero
Porto
Douro
Tormes
Altkastilien
Aragonien
Salamanca
Segovia
Alba de Tormes
Ávila
Guadalajara
Pico de Almanzor 2592 m
El Escorial
Alcalá de Henares
Teruel
2204 m
Madrid
Móstoles
Getafe
Plasencia
Talavera de la Reina
Aranjuez
Cuenca
Turia
Portugal
Tajo
Toledo
Neukastilien
Zitrusfrüchte
Feigen
Mandelbäume
Valencia
Tejo
Cáceres
Guadalupe
Extremadura
Korkeichen
Alcázar de S. Juan
Guadiana
Ciudad Real
Tomelloso
Lissabon
Mérida
Oliven
Júcar
Badajoz
Don Benito
Spanien
Valdepeñas
Albacete
Alcira
Puertollano
Yecla
Villena
Sierra Morena
Hellín
Guadiana
Segura
Murcia
Cieza
Elche
Andújar
Linares
Sierra
Córdoba
Guadalquivir
Úbeda
Torrevie
Murcia
Andalusien
Oliven
Jaén
Lorca
Sevilla
Carmona
Écija
Baza
Cartagena
Huelva
Utrera
Puente-Genil
Águilas
Guadix
Oliven
Loja
3478 m
Golf von Cádiz
Morón de la Frontera
Granada
Obst
Sierra Nevada
Rota
Jerez de la Frontera
Reis
Baumwolle
Almería
Cádiz
Ronda
Málaga
Motril
Mitte
San Fernando
Gemüse
Marbella
Algeciras
La Línea
Gibraltar (G.-B.)
Tarifa
Str. von Gibraltar
Tanger
Ceuta (Spanien)
Tétouan
Melilla (Spanien)
Kanarische Inseln
La Palma
Santa Cr de Tenerif
Gomera
Teneriffa
Hierro
Kloster
Weinanbaugebiete Spaniens
150 km
Marokko
© 1997, Studio für Landkartentechnik

Lot
Montpellier
Toulouse
Perpignan
3404 m
Pico de
Aneto
Figueras
Gerona
Vich
Segre
Saba-
dell
Tarrasa
Mataró
Badalona
Hospitalet
BARCELONA
Reus
Tarragona
Tortosa
Menorca
Mahón
BALEAREN
Palma
de Mallorca
Manacor
Mallorca
Ibiza
Formentera
ALGIER
Blida
ALGERIEN
Lanzarote
Las Palmas
Fuerteventura
Tarfaya
MAROKKO

Inhalt

Spaniens Küchen:
Bodenständig und raffiniert

Die Leser dieses Buches werden sehr schnell entdecken, daß wir Spanier im Laufe unserer langen Geschichte sowohl eine großartige Küche als auch eine reichhaltige und abwechslungsreiche kulinarische Kultur hervorgebracht haben. Dabei halfen uns nicht nur die Erfahrungen unserer Vorfahren und der natürliche Reichtum unseres Landes, sondern auch die Kontakte mit anderen Völkern.
Deshalb bin ich überzeugt, daß die Leser ein Festmahl für Gaumen, Sinne und Seele erwartet, wenn sie sich zu Hause daran machen, die Rezepte der Speisen, Suppen, Eintöpfe und Desserts, die hier trefflich zusammengetragen wurden, sorgsam nachzubereiten.
Heutzutage haben glücklicherweise Millionen von Deutschen die originale spanische Küche schon durch Reisen in unser Land kennen- und schätzengelernt. Ich vertraue darauf, daß die Verbreitung der Originalprodukte, die Zubereitungsarten und die besondere kulinarische Kultur Spaniens einen Anreiz darstellen, damit durch die Lust am guten Essen der Austausch zwischen unseren beiden Völkern und das gegenseitige Verständnis vertieft werden.
Die spanische Küche wurde entscheidend durch die kulinarischen Fertigkeiten von Griechen, Römern, Arabern und Juden geprägt. Ebenso sind die soliden Fundamente der mittelalterlichen Küche der Klöster und Schlösser zu erwähnen sowie ihre spätere Verfeinerung durch die Nonnenkonvente, schließlich die maßgebliche Einführung von Produkten aus der Neuen Welt seit dem Ende des 16. Jahrhunderts.
All dies hat, wie dieses Buch sehr gut belegt, zu kulinarischer Vielfalt beigetragen, die eher für Synthese und Integration als für Wettbewerb und Spaltung steht. Mit anderen Worten: zu einer Eßkultur, die gleichermaßen vielseitig wie homogen ist.
Diese offensichtliche Einheit der Küche der spanischen Regionen erklärt sich nur zum Teil aus der gemeinsamen Natur. Die Küche spiegelt vielmehr die innerste Seele einer Nation wider, aber auch ihre enge Verbindung und gegenseitige Verflechtung mit anderen Völkern. Dazu nur ein Beispiel: Die Hauptbestandteile des *pisto manchego,* der so typisch für meine Heimatregion *La Mancha* ist, haben ganz verschiedene Ursprünge. Die Tomate kommt aus dem Peru der Inkas, die Aubergine aus Indien und der Paprika aus der Karibik.
Dies ist keine Ausnahme. Einmal abgesehen von der Triade der bodenständigen mediterranen Erzeugnisse (Olivenbaum, Weinrebe und Weizen), verschmolzen die ursprünglichen Produkte der spanischen Küche schon vor Jahrhunderten mit denen aus fremden Ländern.
So haben der Reis durch die Araber, Mais, Bohne und Kartoffel von Amerika aus Eingang in die europäische Küche gefunden. – Oder der exotische Pfirsichbaum, ursprünglich eine chinesische Bergfrucht, der sich über Persien in Europa akklimatisierte.
Andererseits ist eine übertrieben zweckmäßige Küche, in die jede Substanz nur ihren Eigengeschmack einbringt, in der also weder Abwechslung noch Kontraste, kein Aufeinanderprallen gegensätzlicher Aromen und keine Raffinesse

durch Gewürze zu finden sind, eine langweilige und zugleich eintönige Küche. Dies kann man von der spanischen Küche sicherlich nicht behaupten, in der die Sinnlichkeit eine eben so große Rolle spielt wie im Leben.
Der mexikanische Nobelpreisträger und Schriftsteller Octavio Paz bestätigte dies geistreich mit provokativer Ironie: „Es ist schwieriger, eine gute Küche zu haben als eine große Literatur, wie man am Beispiel von England sehen kann."
Ich bin sicher, daß viele von Ihnen unsere große Literatur kennen. In dieser nimmt Don Quijote de la Mancha durch seine Bekanntheit als universaler Mythos eine herausragende Stellung ein. In dem Werk von Cervantes spielen – wie in anderen Werken unserer Literatur des 17. Jahrhunderts – das Essen im allgemeinen und die feine Küche im besonderen eine wichtige Rolle, was dem Leser nicht verborgen bleibt.
Somit dürfen wir, die Sentenz des großen mexikanischen Poeten umschreibend, behaupten, daß wir Spanier das Glück, die Geschicklichkeit und den Geist haben, eine Küche unser eigen zu nennen, die so gut ist wie unsere beste Literatur.
Ich hoffe, daß dieses Buch dem deutschen Leser als nützlicher Ratgeber dient, um die spanische Küche besser kennenzulernen. Ebenso soll es eine herzliche Einladung in unser Land sein, um unsere Küche und die besten spanischen Weine in ihrem authentischen Umfeld zu genießen.
Zum Schluß möchte ich daran erinnern, daß es nicht nur wichtig ist, was man ißt, sondern auch, wie man es ißt.
Wie schon die alten Griechen bemerkten, kann man ein gewöhnliches Abendessen derart arrangieren, daß es die Kultur, Ideale, Freundschaft, Brüderlichkeit und gute Taten, zu denen wir Menschen fähig sind, ausdrückt.

José Bono Martínez
Ministerpräsident von Kastilien-La Mancha

Mit Schwein und Stier fing alles an

Eine zoologische und kulinarische Besonderheit der Iberischen Halbinsel sind die berühmten schwarzen Schweine, die vor allem auf den ausgedehnten Weiden der Extremadura zu Hause sind.

Die eiszeitlichen Höhlen von Altamira in Nordspanien brachten Felszeichnungen zutage, die nicht nur vom hohen künstlerischen Niveau ihrer Schöpfer zeugen, sondern auch deren kulinarische Vorlieben verraten. Bei einer Felszeichnung handelt es sich um ein zum Sprung ansetzendes, gut genährtes Schwein, bei einer anderen um einen kräftigen Stier, ein Tier, das der Mensch damals vermutlich noch nicht gezähmt hatte. Das Schwein nimmt in der spanischen Küche noch immer die unbestrittene Spitzenposition ein. Und am Stier – diesem kraftvollen, archaischen Muskelprotz – mißt der spanische Mann vielfach noch heute wie in grauer Vorzeit Kraft und Intelligenz. Vergangenheit und Gegenwart bestehen in Spanien Seite an Seite, wie in kaum einem anderen Land Europas. Die bewegte Geschichte hinterließ auch im täglichen Leben überall ihre Spuren, vor allem in abgeschiedenen Regionen, an denen die Zeit oftmals spurlos vorüberzugehen scheint.
Beweise einer menschlichen Existenz seit der Altsteinzeit lieferten Knochen- und Steinwerkzeug-Funde. Ein recht deutliches Bild dieser Epoche vermitteln die Höhlenfunde der Magdalénien-Menschen in Nordspanien, deren Nachbildungen – darunter auch eine detailgetreue Nachbildung der Höhle von Altamira – im Archäologischen Museum in Madrid zu sehen sind. Als älteste Bevölkerungsgruppen der Iberischen Halbinsel gelten die Ligurer und die Iberer, im Nordwesten lebten die Basken, ein Volk nicht-indogermanischen Ursprungs. Erste Seefahrer, wahrscheinlich aus dem Vorderen Orient, erreichten die Halbinsel im dritten Jahrtausend v. Chr. Sie lebten dort überwiegend als Bauern und Hirten. Die Metallverarbeitung, Töpfern und Weben zählten zu den ersten bedeutenden handwerklichen Errungenschaften. Das Eintreffen phönizischer Händler um 1100 v. Chr. im Süden der Iberischen Halbinsel brachte – vor allem durch den Metallhandel und die Gründung von Gadir (Cadiz) – eine erste wirtschaftliche Blüte. Wahrscheinlich bereicherten die Besucher aus dem Vorderen Orient auch die Küchenszene – sowohl durch die mitgebrachten Gewürze als auch durch den Wein, der im Gebiet von Jerez de la Frontera angepflanzt wurde. Die ihnen nachfolgenden Griechen – geübt

im Gründen neuer Handelsniederlassungen – erreichten etwa im siebten Jahrhundert v. Chr. die westlichen Küsten des Mittelmeeres und gründeten Emporion und Mainake nahe dem heutigen Malaga – und sie brachten den Olivenbaum mit. Etwa ab dem sechsten Jahrhundert v. Chr. wurden sie von den Karthagern verdrängt, die aus dem nahen Afrika im Süden der Iberischen Halbinsel eintrafen, und im Norden wanderten zwischen 900 und 600 v. Chr. über die Pyrenäen verstärkt indoeuropäische Stämme zu, vor allem Kelten, die in engen Kontakt mit den einheimischen Iberern traten. Sie verbreiteten sich mit der Zeit über den westlichen Rand der Halbinsel an der Küste des Atlantiks. Mit dem Auftauchen der Römer, die in Etappen die gesamte Mittelmeerküste der neuen Kolonie Hispania besetzten, begann ein neuer landwirtschaftlicher Aufschwung. Brücken und Straßen wurden gebaut, die einen weitreichenden Handel ermöglichten. Während Spaniens Landwirtschaft vor allem an der regenarmen Levante um Valencia und Murcia und im Süden von den neu installierten Bewässerungssystemen profitierte, wurden die verwöhnten Feinschmecker im fernen Rom auf die köstlichen Bergschinken der Kolonie Hispania aufmerksam. Der römische Geograph und Historiker Strabo (um 63 v. Chr. bis 20 n. Chr.) sowie der Schriftsteller Marcus Terentius Varro (116 bis 27 v. Chr.) priesen die Qualität der kantabrischen, vor allem aber die Köstlichkeit der Schinken aus der Cerdaña in den katalanischen Pyrenäen in höchsten Tönen.

Die berühmten Höhlenmalereien von Altamira im heutigen Kantabrien – hier die besonders eindrucksvolle Abbildung eines Wisent – zeugen nicht nur vom hohen künstlerischen Niveau der altsteinzeitlichen Magdalénien-Kultur Nordspaniens (zwischen 21 000 und 13 000 v. Chr.). Sie sind darüber hinaus auch ein Hinweis auf die kulinarischen Vorlieben der damaligen Menschen.

Eines der beeindruckendsten Zeugnisse der maurischen Epoche und eines der schönsten Bauwerke der Welt: die Alhambra in Granada, hier vor dem Hintergrund der schneebedeckten Berge der Sierra Nevada.

Gepökelt und luftgetrocknet überstanden sie die lange Seereise in die Weltstadt. Mit der Eroberung der Halbinsel durch die Wandalen und die Westgoten, die das Christentum mitbrachten, verfiel die römische Kultur zusehends. Entscheidenden Einfluß auf das Leben und die Küchenkultur Spaniens übten seit dem achten nachchristlichen Jahrhundert Araber und Berber aus. Von Nordafrika aus eroberten sie zuerst den Süden Spaniens (711 unterlag der letzte Westgotenkönig Roderich bei Jerez de Frontera dem Feldherrn des Statthalters des Omaijadenkalifen in Nordafrika, Mus Ibn Nusair) und anschließend fast die gesamte Halbinsel. Sie brachten die islamische Kultur und Religion nach Spanien. Den zuerst eroberten Süden nannten sie nach ihren Vorgängern *al andalus,* das Land der Wandalen, aus dem später Andalusien wurde. Rund 800 Jahre muslimischer Herrschaft verliehen Südspanien eine unauslöschliche Prägung. Wer Granada, Córdoba und Sevilla besucht mit ihren maurischen Palästen und Moscheen, dem Zauber der Innenhöfe mit Jasmin- und Rosenduft, leise plätschernden und Kühle spendenden Brunnen, erhält eine Vorstellung vom hohen kulturellen Niveau der maurischen Epoche, die mit ihrer relativen religiösen Toleranz von heutigen fundamentalistisch-islamischen Bestrebungen genauso absticht wie von der nachfolgenden christlichen Epoche der *reconquista.* Wissenschaft und Kunst, Musik und Gesang erlebten hier eine Blüte, von der ganz Europa profitierte und die vor allem Spanien nachhaltig beeinflußte. Das gilt ganz besonders auch für die Küche des südlichen Mittelmeerraums mit ihren charakteristischen Mandelsaucen und Süßspeisen. Neue Kulturpflanzen wurden heimisch, aus dem Orient kamen Reis Orangen, Zitronen, Aprikosen, Auberginen und Mandeln. Raffinierte Bewässerungstechniken und eine streng geregelte Wasserverteilung, wie man sie heute noch in arabischen Oasen vorfindet, verwandelten die Küste in ein Paradies. Mit der einsetzenden Reconquista, der Rückeroberung der Halbinsel durch die christlich-spanischen Königreiche im Norden, die Ende des fünfzehnten Jahrhunderts den Muslimen ihre letzte Bastion, Granada, entriß, begann ein neues – blutiges – Kapitel der spanischen Geschichte. Adel, Kirche und einflußreiche Militärs teilten sich untereinander die zurückgewonnenen Gebiete und veränderten die ländlichen Strukturen. An den Küsten setzten Handels- und Eroberungsfeldzüge nach Afrika und in die Neue Welt ein. Vor allem im Inland wütete der Haß der Inquisitoren gegen alles Nichtchristliche. Weite Landesteile fielen ins Mittelalter zurück. Doch entwickelte sich auf den Hochebenen und in den weniger fruchtbaren Zonen im Norden und Südwesten Iberiens eine exzessive, als Wanderschäferei betriebene Schafzucht, in deren Folge der Wollexport zu einem wichtigen Wirtschaftsfaktor wurde. Im beginnenden Sommer wechselten die Herden über Wanderwege, die *trashumantes,* von Andalusien, der Extremadura und Kastilien im heißen Süden in den kühleren Norden zu den Weiden der Pyrenäen und kehrten mit dem beginnenden Winter zurück. Bodenerosion und rückgängige Landwirtschaft waren die negativen Folgen der einseitigen Ausrichtung auf die Schafzucht, die sich vor allem im Hochland Kastiliens bemerkbar machten. Mit der Eroberung der Neuen Welt, der Karibischen Inseln und der Kulturen Mittel- und Südamerikas erhielt die Küche im spanischen Mutterland einen kräftigen Anstoß. Neue Gemüse trafen ein, Kartoffeln und Tomaten, die aus der heutigen Küche nicht mehr wegzudenken sind. Mais und vor allem Schokolade – die Schätze der Azteken – setzten

Als wäre die Zeit stehengeblieben: Die Mönche vor dem Kartäuserkloster in Jerez de la Frontera gemahnen an eines der dunkelsten Kapitel der europäischen Geschichte: die Inquisition. Nirgends erreichte die Macht dieser blutrünstigen Institution solche Ausmaße wie in Spanien, wo Kirche und Thron bei der Verfolgung von Ketzern und Abtrünnigen besonders einträchtig zusammenwirkten.

MACIA
Los Galayos
CERVEZAS
SIERRA

neue kulinarische Akzente. Vor allem der Zucker förderte den Genuß. Der begehrte, bis dahin rare süße Rohstoff löste aber auch ein weltgeschichtliches Drama aus, eine neue Sklaverei, die Verschleppung von Millionen Schwarzafrikanern in die Neue Welt. Sie wurden für die Zuckerrohrplantagen gebraucht und verhalfen Spanien zu Reichtum. Doch auch diese Epoche ging mit dem Verlust der Kolonien und der Entdeckung der Zuckerrübe zu Ende. So fiel Spaniens Wirtschaft mit dem ausgehenden 19. Jahrhundert weit unter das europäische Niveau zurück. Sie erholte sich erst in neuerer Zeit, als nach Ende des Zweiten Weltkrieges auch in Spanien eine Art Wirtschaftswunder einsetzte, gefördert von den USA und ihren Verbündeten, die in der antidemokratischen Franco-Diktatur ein unterstützenswertes Bollwerk gegen den Kommunismus sahen. Nach dem Tod des „Generalisimo" 1975 und der im Anschluß daran eingeleiteten ökonomischen und politischen Liberalisierung ging es mit Spanien auch wirtschaftlich bergauf, wozu der boomende Tourismus und der ständig steigende Export frischer Gemüse und Früchte in den kühlen Norden Europas entscheidend beitrugen. Die Urlauber an den Küsten und auf den Inseln entdeckten die herzhafte und vielseitige spanische Küche, die Delikatessen und Spezialitäten des Landes, das Olivenöl, den Schinken und – den Wein.

Ein typisch katalanisches Restaurant im Herzen von Barcelona ist das Los Caracoles im Barrio Gotico (katalan. Barri Gótic). Seine Spezialität: ein köstliches Eis-Dessert namens pijama, „Schlafanzug".

Seite gegenüber: Entspannt genießen. Neben einem pulsierenden Nachtleben, mit dem es jede andere Großsstadt in den Schatten stellt, hat Madrid auch seine ruhigen und behaglichen Seiten, wie z.B. in diesem Straßencafé in der historischen Altstadt.

Nächste Seite: Marktstand mit Spezialitäten aus Galicien, Barcelona, Boqueria.

GALLEG

PRODUCTOS
GALLEGOS
SARRIA
Nº 1
GRELOS
DE
GALICIA

Das Baskenland und Navarra

Neben den allgegenwärtigen Schafen spielen auch Ziegen in der baskischen Landwirtschaft eine große Rolle.

Zwischen Atlantik und Pyrenäen
Weite Strände am Atlantik, die schneebedeckten Bergriesen und tiefen Schluchten der Pyrenäen, bizarre Hügel- und fruchtbare Flußlandschaften, Weinberge und die Wüste der *Bardenás Reales,* die Landschaften des Baskenlandes und Navarras stecken voller großartiger Impressionen. Die beiden autonomen Regionen zählen aber auch zu den am dichtesten besiedelten Gebieten Spaniens mit Industriestädten wie Bilbao und Vitoria, mit nostalgischen Seebädern wie San Sebastian, zahlreichen Fischerorten an der Atlantikküste und mittelalterlichen Dörfern im Landesinneren.

Hier kochen die Männer!
Mit ihrer Nationalsprache Euskera, die so ganz anders als das Spanische klingt und die mit keiner europäischen Sprache verwandt ist, demonstrieren die Basken buchstäblich Stolz und Unabhängigkeitswille ihres uralten Volkes. Und stolz sind sie auch auf ihre Küche, die im ganzen Land als die beste gilt. Das Baskenland zählt zur „Zone der Saucen", die hier aufs feinste vertreten wird, wie bei *merluza a la vasca,* Seehecht mit der berühmten grünen Sauce, der Erbsen und Petersilie Duft und Farbe verleihen, oder wie bei *bacalao a la vizcaína,* Stockfisch auf Biskaya-Art. Das Geheimnis baskischer Saucen besteht im langen Garen und im geschickten Umgang mit der Kasserolle. Sanftes Schaukeln und Schütteln entlockt den Zutaten ihre Säfte und Aromen, setzt sie für die Sauce frei und bewirkt, daß sie sich mit dem Olivenöl vermischen. Gerichte mit Zusätzen wie *a la vasca,* auf baskische Art, *a la bilbaína,* auf Bilbao-Art, oder *a la vizcaína,* nach Art der Biskaya, garantieren auf spanischen Speisekarten höchstes kulinarisches Niveau. Ihre Küche liegt den Basken so sehr am Herzen, daß sie aus dem Kochen eine Art Volkssport entwickelten, der in privaten gastronomischen Gesellschaften trainiert und vervollkommnet wird. In San Sebastián, der Hauptstadt der Provinz Guipúzcoa, wurde 1870 die erste Gesellschaft gegründet. Heute findet man diese Kochbruderschaften in allen Städten und Ortschaften, doch sind sie alleinige Domäne der Männer. Nur zweimal im Jahr sind Frauen als Gäste zugelassen, zu den Festessen am

Vorabend von Mariä Himmelfahrt (15. August) und zu Sankt Sebastian (20. Januar). Am Namenstag des Heiligen ziehen Prozessionen von Köchen und Bäckern trommelnd durch die Straßen, und bis weit in die Nacht hinein wird gefeiert, gegessen und getrunken. Vor allem wird dann auch der spritzige Weißwein der Basken, der *txakolí,* zu Fisch und Meeresfrüchten eingeschenkt. Zu herzhaften Fleisch- und Gemüsegerichten steuert der baskische Teil der Rioja, die südlich gelegene Provinz Alava, Rotweine höchster Qualität bei.

Gastliche Klöster und köstliche Tapas

Um die Seele Navarras aufzuspüren, sollte man dem *Camino de Santiago,* dem Jakobsweg, folgen, der aus dem nördlichen Europa über die Pyrenäen nach Galicien führt. Seit dem 10. Jahrhundert folgen ihm Millionen von Pilgern auf ihrer Wanderung nach Santiago de Compostela, dem zweitwichtigsten Wallfahrtsort der christlichen Welt des Mittelalters. Wie Perlen an einer Schnur reihen sich entlang der Route romanische Kirchen und gastliche Klöster aneinander, in denen nicht nur Pilger willkommen sind. Durch das Hochland führt er hinab zur ehrwürdigen Stadt Pamplona. Ernest Hemingway, der zum Wandern und Angeln gerne nach Navarra kam, beschrieb das wilde Fest der Stiere, *Sanfermines,* so wie es heute noch vom 6. bis 14. Juli

Männer unter sich. Rund 630 kulinarische Bruderschaften gibt es im spanischen Baskenland, in denen sich die Herren der Schöpfung der Kunst des Kochens hingeben. Frauen haben in diesem Kreis nichts verloren. Nur zu besonderen Anlässen – wie zu Mariä Himmelfahrt und zu Sankt Sebastian – sind sie als Gäste in der erlauchten Männerrunde zugelassen.

Eingebettet in die grandiose Gebirgslandschaft der spanischen Pyrenäen: Coll de Nargó am Riu Segre.

gefeiert wird. Berühmt ist Pamplona auch wegen seiner vielen Tapa-Bars in den holprigen Straßen der Altstadt. Knackige Salatherzen mit Anchovis, überbackener Spargel und aromatische Piquillo-Paprikaschoten mit Knoblauch aus dem Gemüseparadies von den Ufern des Ebro sind hier typische Tapa-Spezialitäten. Eine Spezialität Navarras sind seine vielgerühmten Forellen, die mit Schinken gefüllt in die Pfanne kommen. Eine luftgetrocknete Delikatesse ist der Serrano-Schinken, der wie der Spargel in der regionalen Küche Navarras eine bedeutende Rolle spielt. Weiß- und Rotweine aus Navarra und aus der nahen Rioja runden die Mahlzeiten ab. Zum Abschluß genießt man einen eiskalten *paxarán,* den Schlehenlikör aus Navarra und dem Baskenland, der in ganz Spanien zu einem Modegetränk wurde. Die Ausläufer und Täler der Pyrenäen sind sowohl in Navarra als auch in den baskischen Gebieten traditionsreiche Viehzuchtgebiete. Sie liefern einen berühmten Käse, den *Roncal* aus dem gleichnamigen Pyrenäental. Im Baskenland wird seit Jahrhunderten ein ähnlicher Käse zubereitet, benannt nach der kleinen Gemeinde Idiazábal. Da die Schäfer früher die Käse in ihren Berghütten reifen ließen, die keine Kamine besaßen, wurde der *Idiazábal* unfreiwillig geräuchert. Zu den besonders urigen und völkerverbindenden Festen zählt der „Tribut der drei Kühe" am 13. Juli im Ort El Roncal, der an ein Urteil aus dem Jahre 1375 erinnert. Damals wurden die unzähligen Streitigkeiten um Weidegründe im Grenzgebiet mit der Übergabe von drei zweijährigen Kühen aus dem französischen Tal von Baretous endlich beendet. Honoratioren in traditionellen Kostümen von der spanischen und der französischen Seite vollziehen diese Zeremonie jedes Jahr aufs neue.

Chorizo – hier dreht sich alles um die Wurst

In Spanien liebt man alles, was vom Schwein kommt, vor allem auch die Wurst. Die gesamte christlich geprägte Kultur des Abendlandes wurde von der Schweinezucht der Spanier beeinflußt. Noch heute scheiden sich am Fleisch des Borstenviehs die religiösen Geister. Die Ablehnung des Genusses von Schweinefleisch durch das Judentum und den Islam nutzten unbarmherzige christliche Inquisitoren einst als zuverlässiges Erkennungsmerkmal für die Aufdeckung und Verfolgung von scheinbekehrten Moslems und Juden.
Auf dem Land gehört noch heute oft zu jedem Haus ein Schwein, die Schweinezucht wird fast ausschließlich von Kleinbauern betrieben. Häufig genießen die Schweine während der Mastzeit einen freien Auslauf, durchstöbern Wiesen und naheliegende Wäldchen, leben von Küchenabfällen und pflanzlichen Futtermitteln. Diese Wertschätzung steht ihm auch zu. Denn das Schwein, eine wahre Speisekammer auf vier Pfoten, liefert dauerhafte Nahrungsmittel. Daher kommt alles, was bei den Schlachtfesten, den *matanzas,* nicht für Schinken oder für den sofortigen Verzehr verwendet wird, in die Pelle. Besonders begehrt ist – nach dem Schinken – *lomo embuchado,* die ausgelöste magere Lende, gesalzen, luftgetrocknet und mit Paprikapulver gewürzt. Diese Delikatesse wird in dünnen Scheibchen als Tapa verzehrt. *Fuet* – eine Art lange, dünne luftgetrocknete Salami mit großen, groben Schinkenstücken, wird ebenfalls mit Paprika gewürzt. *Salchichón* heißt eine dünne, mit ganzen Pfefferkörnern gewürzte Salami. In endlosen, verknäulten Bündeln fällt auch die *longaniza* auf, eine weiche, milde Salami, die gerne zum Kochen verwendet wird. Die bekannteste Wurst ist

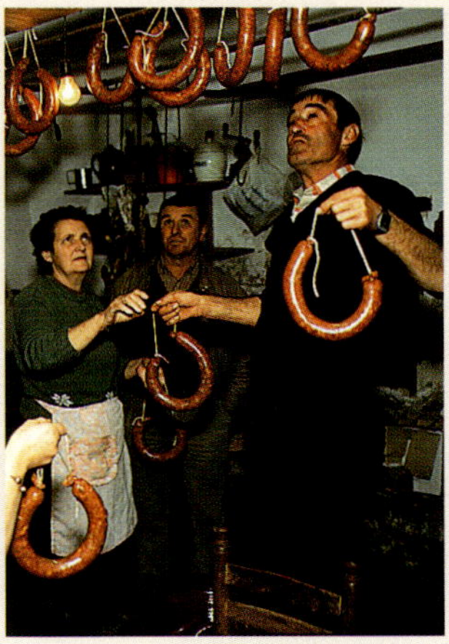

Würste sind ein ganz wesentlicher und äußerst variantenreicher Bestandteil der spanischen Küche. Bild: zum Trocknen aufgehängte Würste in einem Bauernhof bei Trujillo in der Extremadura.

Das Städtchen Jabugo in der Sierra Morena ist nicht nur für seinen Schinken berühmt, sondern auch für die zu Ketten aneinandergereihten Räucherwürstchen, die jabuguitos, die gegrillt besonders gut schmecken.

aber zweifelsohne *chorizo.* Und man wird ihr kaum gerecht, wenn man sagt, daß sie nur eine Mischung aus Schweinefleisch, Speck, Salz, Knoblauch und Paprikapulver ist. Es soll in Spanien so viele Chorizo-Arten geben wie Esser – heißt es. Jedenfalls findet man sie in unterschiedlichen Größen, in verschiedener Konsistenz, kurz und lang, zum Kringel gebunden, von feuer- über rost- bis dunkelrot, mild, doch auch brennend scharf, weich oder luftgetrocknet, teils auch geräuchert. In fast allen Regionen wird Chorizo produziert und nach den örtlichen Vorlieben gewürzt. Wie *chorizo blanco,* der keinen Paprika enthält, dafür um so mehr Knoblauch, sowie der *chorizo de Soria* mit einem Rindfleischanteil von 20 Prozent. In La Mancha und Extremadura wird sogar eine Chorizo auf Kartoffelbasis hergestellt, die *chorizo de patata.* Aus der Schinkenstadt Jabugo kommen die zu Ketten aneinandergereihten kleinen Würstchen, die *jabuguitos,* die man gerne gegrillt verzehrt. Würzige Blutwurst, *morcilla,* wird in ganz Spanien produziert und mit Anis und Nelken gewürzt, entweder frisch verwendet oder getrocknet und geräuchert. In Katalonien zählen die deftigen *botifarras* (kastil. *butifarras*), dicke, weiche Würste, zu den besonderen Spezialitäten: die *botifarra negra,* eine Blutwurst, der auch gelegentlich Trüffel beigefügt werden, und die *botifarra blanca,* eine helle Wurst aus Valencia aus magerem Schweinefleisch und -fett, gewürzt mit Zimt.

Mit der Botifarra, die auch die Mallorquiner zu ihrer Lieblingswurst erkoren haben, konkurriert die *sobrassada,* eine Art saftige, grobe Mettwurst aus Schweinebrät, das durch die reichliche Beigabe von Paprikapulver eine kräftige rote Farbe erhält. Bei gebratenen Eiern nach Art von Sollér, einer kleinen mallorquinischen Hafenstadt, darf Sobrassada ebensowenig fehlen wie in der Füllung für *empanadas,* Pastetchen. Sobrassada-Stückchen rührt man in Saucen oder unter einen Eintopf, um den Geschmack würzig abzurunden. Würfelchen von *botifarra negra* gehören ebenfalls in einige Traditionsgerichte. Dieser Wurst zu Ehren wird am ersten Sonntag im Oktober in Sant Joan die *Festa Botifarra,* das Blutwurstfest, gefeiert, an dem kräftig geschmaust und zu Dudelsackmusik getanzt wird.

KANTABRIEN, ASTURIEN UND GALICIEN

Entlang der Costa Verde, der grünen Küste
Im äußersten Nordwesten der Iberischen Halbinsel färbt das niederschlagsreiche atlantische Klima die Landschaft üppig grün. Trifft die Sonne auf die bisweilen von Dunst und Nebel verhüllte Landschaft, erscheint alles wie in einem unwirklichen Licht. Kleine Buchten verstecken sich zwischen zerklüfteten Steilküsten, sturmgepeitscht an rauhen Tagen. Das nur 25 bis 35 km entfernte Kantabrische Gebirge mit den *Picos de Europa,* die bis in Höhen von über 2600 m hinaufreichen, bildet die natürliche Barriere zu Spaniens zentraler Hochebene, der *meseta.* Die zwischen Meer und Hochgebirge liegenden Almen und Weiden sind die Refugien der wiederkäuenden Fleisch- und Milchlieferanten, die den Menschen zu herzhaften Mahlzeiten verhelfen. Nicht nur in geographischer, sondern auch in kultureller Hinsicht sind Kantabrien, Asturien und Galicien verbunden. In den wenigen größeren Provinzstädten wie Oviedo und La Coruña verläuft das Leben in gemächlichen Bahnen. Vor etwa dreitausend Jahren zogen keltische Stämme aus Nord- und Mitteleuropa an den Atlantik, und ihr Einfluß macht sich in allen drei Regionen noch heute bemerkbar. Blonde Haare und blaue Augen sind hier keine Seltenheit. Die runden oder ovalen Steinhäuser in den abgelegenen Dörfern, die *pallozas,* der asturisch-keltische Dialekt, den die Spanier – in Anspielung auf den Turm zu Babel – *bable* nennen, vor allem aber in mythischen Riten und Geisterglauben ist das keltische Erbe bis heute lebendig.

Bodenständige Genüsse und Delikatessen aus dem Meer
Land- und Milchwirtschaft, Fischfang und vor allem Muschelzucht bilden die wirtschaftlichen Säulen der drei Regionen. An der Kantabrischen Küste werden im Frühjahr seit eh und je Sardellen gefischt und rund um die Bucht von Santoña in den zahlreichen Betrieben auf traditionelle Art zu Anchovis verarbeitet. Schaf-, Ziegen- und Kuhherden durchziehen das Hinterland. Verstreute *cabañas* und *teitos,* strohgedeckte Hütten, bieten den Hirten Schutz. Von den hochgelegenen Bergweiden in der Cordillera Cantábrica stammen berühmte Käsespezialitäten. Über 40 Sorten werden hier hergestellt, 25 alleine

Auch heute noch wird in Santiago de Compostela alljährlich das Fest des heiligen Jakobus mit Prozessionen und einem Feuerwerk vor der Kathedrale begangen. Unter seinem „Schutz“ hatten die Christen im 13. Jahrhundert die von den Mauren besetzten Gebiete an der spanischen Atlantikküste zurückerobert.

Nächste Doppelseite: Ein Bild wie aus einer anderen Zeit: Bauernfamilie bei der Arbeit, Muros, Galicien.

Die Schalen der Jakobsmuscheln sind das Erkennungszeichen der Pilger, die auch heute noch zu Tausenden alljährlich zum Grab des Schutzheiligen der Reconquista wallfahren.

im Gebiet der Picos de Europa. Der bekannteste Käse Asturiens ist der *queso de Cabrales,* ein Schimmelkäse, der auf natürliche Art in hochgelegenen Berghöhlen reift, die über Ziegenpfade zu erreichen sind. Ihr Lieblingsgetränk, den spritzigen *sidra,* keltern die Asturier aus Äpfeln und garen darin sogar *Chorizo*-Wurst oder Fisch, oder sie trinken ihn zu ihrem Lieblingsgericht *fabada asturiana,* Bohneneintopf. Galicische Fischer holen 40 Prozent des spanischen Gesamtbedarfs an Fisch aus dem Meer und erzielen Rekordzahlen bei der Muschelzucht. In Galicien, in der alten Universitätsstadt Santiago de Compostela, endet der berühmte Pilgerpfad in der ehrwürdigen Kathedrale, wo die Reliquien des Heiligen Jakobus aufbewahrt und verehrt werden. Unter „seinem Schutz" eroberten die Christen die an die Mauren verlorenen Gebiete zurück. Deshalb wurde er zum Schutzpatron ganz Spaniens. Die Schale einer Jakobsmuschel ist das Erkennungszeichen der Pilger, die noch heute zu Tausenden zum Grab des Heiligen wallfahren.

Fisch und Meeresfrüchte, wie auch Bohnen und Mais, den man mit Milch als Brei zum Frühstück ißt, zählen zu den Küchenschätzen Galiciens. Hülsenfrüchte und Getreide horten die Bauern in urigen Speicherhäusern, die auf Stelzen stehen, den *hórreos,* um Feuchtigkeit und Nagetiere abzuhalten. Mit steinernen Kreuzen auf den spitzen Giebeln ähneln sie Kapellen.

Mit seinen grünen Hügeln und Feldern lockt das Hinterland, unter deutschen Urlaubern oft auch „Allgäu Spaniens" genannt, zu einer kulinarischen Entdeckungsreise. Denn auch Galicien kann mit exzellenten Käsesorten aufwarten. Wie mit dem *San Simón,* einem kräftigen, angenehm würzigen Kuhmilch-Hartkäse, dem die Kirche San Simón de la Cuesta den Namen gab. Einen weiteren berühmten Käse, den *tetilla* – in Form einer Zitze – probieren Kenner gleichzeitig mit einem Stückchen *San Simón,* um die geschmacklichen Kontraste auf der Zunge auszukosten. Und nichts paßt dazu besser als ein knuspriges Brot und ein Glas galicischer Rotwein, dessen Trauben von „hängenden Gärten" stammen. Denn zum typischen Landschaftsbild Galiciens zählen hier Pergolen, an denen die Reben hochgezogen werden, um sie vor Feuchtigkeit

Landschaft bei San Vicente in Galicien.

zu schützen. Dem kühlen, feuchten atlantischen Klima setzt man in dieser Region eine besonders wirkungsvolle Geheimwaffe entgegen, *orujo,* den Tresterschnaps. Die Weinbauern brennen ihn nach uralten Rezepten oft noch selbst und genießen ihn pur oder als kraftvolle Mischung aus Zucker, Zitronenschale und Trester, die in einem Steinguttopf, der *queimada,* erhitzt und in Brand gesetzt wird. Während sich etwas Alkohol verflüchtigt, vertreiben keltische Gesänge, *conxuros,* das „Böse" – und das Teufelsgebräu die klamme Kälte der Nacht.

Im Jahreskreis Galiciens setzt in Santiago de Compostela das Jakobsfest vom 15. bis 31. Juli mit Prozessionen und Feuerwerk vor der Kathedrale einen glanzvollen Höhepunkt. Und wie bei allen galicischen Festen wird dann *pulpo a la feira,* Festtags-Tintenfisch, in großen Kesseln gekocht. Die Restaurants und Tapa-Bars der Stadt warten zu diesem Anlaß mit einer Vielzahl von kleinen Gerichten mit Meeresfrüchten auf, wozu die exzellenten Weißweine der Region ausgezeichnet schmecken.

In Galicien fallen Feste zu Ehren eines Heiligen und des Weines oft zusammen. Wie das Namensfest des heiligen Simon am 28. Oktober in Villanueva de Arosa in der Provinz Pontevedra, bei dem die Weine der Region gleichberechtigte Hauptdarsteller sind und sich fromm und fröhlich feiern lassen.

Käse gibt es in Spanien in zahllosen Varianten. Hier bietet eine Käseverkäuferin in Granada, Andalusien, allerhand Delikatessen feil.

Köstliche Vielfalt: Spanischer Käse

Spanien verfügt über ein reiches Käseangebot, an die dreihundert verschiedene Sorten sollen es sein. Wenn es heißt „wie die Landschaft, so der Käse", so trifft diese Redensart ganz besonders auf die Iberische Halbinsel zu. Je nach Milchlieferant, Kuh, Schaf oder Ziege, die meist noch in freier Natur gehalten werden, unterscheiden sich die verschiedenen Käsesorten in Charakter und Geschmack. Hergestellt werden sie zum Teil noch in kleinen handwerklichen Betrieben. Herausragende Käsesorten erhielten die gesetzlich geschützte Qualitätsauszeichnung D.O. *(Denominación de Origen)*. Durch sie werden immer mehr Käseliebhaber auf die spanischen Käse-Delikatessen aufmerksam, und man findet eine ganze Reihe von ihnen auch bei uns im Handel. Nachfolgend eine kleine Auswahl berühmter Sorten.

Die wichtigsten Käsesorten aus Kuhmilch

D.O. Tetilla – er stammt aus Galicien, besitzt die Form einer kleinen Zitze (span. *tetilla*) und entspricht einem weichen, feinaromatischen Butterkäse.

D.O. San Simón – der galicische Käse aus dem Gebiet von Villalba mit herzhafter Note. Sein besonderes Kennzeichen ist die in einem kleinen Zipfel endende Kanonenkugelform. Eine leichte Räucherung im Rauch des Birkenholzfeuers verleiht ihm den unverwechselbaren Geschmack.

D.O. Queso de Cantabria – der „kantabrische Käse", ein halbfester, milder Schnittkäse, buttrig im Geschmack.

D.O. Mahón – der berühmte Käse von der Insel Menorca. Der Käse reift mindestens zwei Monate und intensiviert bei noch längerer Reifung sein würziges, leicht säuerliches Aroma.

Käsesorten aus Schafsmilch

D.O. Idiazábal – ein baskischer Hartkäse, der auch geräuchert angeboten wird, von pikant-säuerlichem Aroma.

D.O. Roncal – ein aus dem Roncal-Tal im Norden Navarras stammender Hartkäse, kräftig im Aroma, der mit zunehmender Reife noch pikanter wird.

D.O. Queso de la Serena – ein außergewöhnlicher, halbweicher Käse aus dem Süden der Extremadura, der aus der Rohmilch der Merinoschafe hergestellt

Vielerorts wird der Käse in Spanien auch heute noch von Hand hergestellt, wie hier in der Mancha.

wird, feinherb im Geschmack.
D.O. Queso Manchego – der berühmte Schafskäse aus La Mancha läßt sich leicht an der typischen Prägung auf seiner Rinde erkennen. Je nach Reifegrad variiert der Geschmack von frisch und säuerlich bis pikant. Als Tapa serviert man ihn gerne mit Oliven.

Die wichtigsten Käse aus Ziegenmilch
Queso de Ibores – dieser aromatische Ziegenkäse stammt aus der Provinz Cáceres. Die kleinen, zylindrischen Käse werden wenig gesalzen, nach der Reifung in Olivenöl getaucht und anschließend in Paprikapulver gewälzt.
D.O. Queso Majorero – ein halbfester Käse von der Insel Fuerteventura mit säuerlich-frischem, delikatem Aroma.

Mischkäse aus Kuh-, Schafs- und Ziegenmilch
D.O. Cabrales – ein runder Rohmilch-Edelschimmelkäse mit hohem Kuhmilchanteil aus Asturien. Er wird noch immer von Hand hergestellt und reift in Kalksteinhöhlen mit hoher Luftfeuchtigkeit. Ein pikanter Geschmack mit salziger Note zeichnet ihn aus. Ein verwandter Blauschimmelkäse ist der *queso de Picón* (ebenfalls mit eigener D.O.) aus Kantabrien.
Ibérico – ein leicht würziger, schnittfester Käse aus Kuh-, Ziegen- und Schafsmilch. Die Rinde zeigt die Einkerbung von Hanfschnüren.

Katalonien, Aragonien und die Balearen

Auch dieser Esel scheint das Leben auf der Sonneninsel Mallorca zu genießen.

Urige Dörfer und städtisches Leben

Katalonien besitzt die Form eines Dreiecks, eingerahmt von den Pyrenäen, der Mittelmeerküste, den Flußzuläufen und dem Delta des Ebro. Berge, grüne Hügel, klare Seen und weite Ebenen bestimmen das abwechslungsreiche Landschaftsbild dieser Provinz, dazwischen verströmen beschauliche Dörfer rustikalen Charme, und an den Rändern bilden herrliche Küsten einen meerumbrandeten Saum. Herz und Hauptanziehungspunkt Kataloniens ist eine der interessantesten Großstädte Spaniens: Barcelona, wirtschaftliches und politisches Zentrum und lebendige Kulturmetropole.
Catalunya, wie die Katalanen ihr autonomes Land nennen, zählt zu den am dichtesten bevölkerten Regionen Spaniens, auf die ein Viertel der spanischen Industrieproduktion entfällt. Daneben spielen aber auch Wein und *cava* (spanischer Sekt), Oliven, Weizen und Mandeln eine wichtige Rolle.

Die Balearen – Paradies für Urlauber und Genießer

Nicht nur die Deutschen, sondern auch die Spanier, vor allem die Katalanen, betrachten Mallorca als ihre Lieblings-Ferieninsel. Sowohl die Sprache als auch die Küche Kataloniens und der Balearen besitzen viele Gemeinsamkeiten. Und doch stellt das wichtigste Eiland der Balearen einen in sich geschlossenen Mikrokosmos dar – mit der grandiosen Bergkette La Muntanya, zauberhaften Bergdörfern, uralten Olivenhainen, malerischen Buchten, verträumten Marktflecken und der Metropole Palma. Inmitten des Labyrinths von Altstadtgassen blickt man in grüne, maurische Innenhöfe und bestaunt prächtige Jugendstilfassaden. Ein besonderes Erlebnis ist die mallorquinische Küche, in der Kreativität zur Tradition wurde. Was Meer und Land bieten, wird raffiniert kombiniert: Krustentiere mit Geflügel oder Fisch mit Wurst und Gemüse – ein herrliches Erlebnis für entdeckungsfreudige Feinschmecker.

Barcelona – die pure Genußfreude!

Seit die Olympischen Spiele die Drei-Millionen-Metropole zur Stadterneuerung animierten, zählt Barcelona zu den attraktivsten alten sowie zu den faszinierendsten modernen Städten Europas, wenn es um Kunst,

um Mode, Lifestyle und ums Genießen geht. Das Herz der Stadt schlägt im Gotischen Viertel *Barri Gótic,* einem Labyrinth aus engen Gassen, die in kleine Plätze münden. Cafés und Bars drängen sich zwischen Schaufenstern und Prunkfassaden. Auf den *Ramblas,* der grünen Flaniermeile der Stadt, unterhalten Gaukler und Musikanten die Passanten. Der Duft der Blumenstände vermischt sich mit den Wohlgerüchen aus der nahen Markthalle La Boqueria – ein spanisches Schlaraffenland. Üppig bestückte Fleisch- und Wurststände, eine Riesenauswahl an frischen Fischen und Meeresfrüchten, Obst und Gemüse weisen den Weg in die katalanischen Küchen. *Mar i muntanya* – Meer und Berge – vereinen sich hier im Kochtopf. Gerne würzt man Fisch oder Geflügel und Wild mit Rosinen und Pinienkernen, ein delikates Erbe der Mauren. Mit köstlichen Artischocken und frischem Spargel, jungen Bohnen und Mangold wird die katalanische Küche vom benachbarten Aragonien (Huesca, Zaragoza und Teruel) und der angrenzenden Levante (die heutigen Provinzen Castellón, Valencia, Alicante und Murcia) beliefert. Würziger Bergschinken aus Lérida, Würste aus kleinen Bergdörfern – damit kommt immer etwas Köstliches zustande. So sind die malerischen Berggasthöfe im Hinterland, die Restaurants der Küstenorte und der herausgeputzten Hafenregion Barcelonas ständig von Leben

Mit idyllischen Dörfern wie diesem ist Katalonien reich gesegnet.

Nächste Doppelseite: Nicht nur die Lieblingsinsel der Deutschen – auch die Festlandskatalanen verbringen ihren Urlaub am liebsten auf Mallorca. Hier die Landschaft bei Ses Animas.

Im wahrsten Sinne „hoch" geht es bei der Festa Major de la Mercé, dem Fest der heiligen Mercedes, in Barcelona her. Dazu gehören neben Umzügen mit Drachen, Stelzenmännern und Masken die berühmten Menschentürme, die auch bei anderen Festen regelmäßig für Begeisterung sorgen.

erfüllt. Hier geht es vor allem zu den traditionellen Festen hoch her, wie beim Sommernachtsfest am 23. Juni, oder vom 24.–28. September beim Fest der *Señora de la Merced* (katalan. *Festa Major de la Mercé*) mit Drachen, Stelzenmännern und Menschenpyramiden vor dem Rathaus. Am 23. und 24. Juni feiert Tarragona das Fest der heiligen Thekla mit Volkstänzen und ebenfalls mit Menschentürmen.

Für das Frühstück oder den Abschluß eines Nachtbummels in Barcelona sind vor allem auch die *xocolaterias* zuständig, in der man heiße Schokolade zu *churros,* Spritzgebäck, oder zu *ensaimadas,* Hefeschnecken, schlürft. Müde Geister weckt ein Schluck *cava* in einer *xampanyeria,* einer Sektbar, wie es sie hier in großer Zahl gibt. Übrigens sind Nachtbummler davon überzeugt, daß „Bar" von Barcelona kommt. Möglich wär's, „nur" 7500 soll es hier geben.

Wer Wein trinken möchte, findet in Katalonien eine reiche Palette vor allem an Weißweinen aus dem nahen Penedés-Gebiet. Aus dem südlichen Tarragona kommt ein aromatischer Klassiker, der *Gran Licor Calisay* aus Kräutern, Wurzeln, Rinden, Blättern, Blüten und Früchten. Ob als Aperitif oder Digestif, im Longdrink oder in heißer Milch, diesem Likör vertrauen viele Spanier, wenn es nach einem üppigen Mahl um die Pflege eines strapazierten Magens oder an kühlen Tagen ums Aufwärmen geht.

Aragonien und La Rioja – Köstlichkeiten in Rot

Der Norden des westlich an Katalonien angrenzende Aragonien gleicht durch die Nähe zu den Pyrenäen dem Nachbarland, ist jedoch weniger industrialisiert als das dichter besiedelte Katalonien. Sommer- und Wintertourismus bilden in Aragonien eine wichtige Erwerbsquelle. Die meisten der rund 750 Dörfer leben von der Tierhaltung, vor allem der Schafzucht, sowie von Oliven- und Weinanbau, Weizen und Obst. Der Gemüsereichtum in den bewässerten Gebieten an den Ufern des Ebro kommt nicht nur unmittelbar der Bevölkerung, sondern auch dem spanischen Export zugute.

In diesem Hirten-, Gemüse- und Weinland treffen drei berühmte Köstlichkeiten Spaniens zusammen: der dunkelrote *jamon de Teruel,* Schinken aus Teruel, die roten Piquillo-Paprikaschoten von

den Ufern des Ebro und der *vino tinto,* der Rotwein aus La Rioja. Sie repräsentieren nicht nur die kulinarische Seite der Region, sondern auch deren landschaftliche Vielfalt: die Pyrenäen mit Wäldern, Almen und fischreichen kleinen Flüssen; die steppenartige Ebene, die *estepa* im Zentrum Aragoniens, die vom mächtigen Ebro durchzogen wird, und La Rioja, das Weinland beiderseits des mittleren Ebro zwischen Haro und Alfaro im Nordwesten des Landes.

Der berühmte Schinken aus dem Gebiet der für ihre maurische Architektur berühmten Stadt Teruel ist eigentlich ein Serrano-Schinken von besonderer Qualität und mit kontrollierter Herkunftsbezeichnung. Zwölf Monate darf er in kühler Bergluft reifen, trocknen und seinen typischen, mild-würzigen Geschmack entwickeln. Doch nicht dem Schwein, sondern dem Stier gilt in Teruel beim Stierfest Mitte Juli die Aufmerksamkeit. So gut wie sicher ist, daß er hier, wie auch in der Hauptstadt Zaragoza am 12./13. Oktober zum *Pilar*-Fest, beim ungleichen Kampf in der Arena den kürzeren ziehen wird. Ein Abstecher von Teruel in das Nachbarstädtchen Albarracín belohnt mit mittelalterlichen Häusern in malerischen Gassen und dem berühmten Fladenbrot, das man in den *panaderias* probieren kann. *Migas,* das typische Hirtengericht aus Brot und Schinkenstückchen, soll hier seinen Ursprung haben. Andere verlegen

Antonio Gaudi, der Baumeister des Modernismo, des spanischen Jugendstils, hat wie kein anderer das Stadtbild von Barcelona geprägt. Vielleicht sein spektakulärstes Bauwerk ist die Kirche La Sagrada Familia, die Stilelemente aus allen kunstgeschichtlichen Epochen vereint. Kitsch für die einen – Kunst für die anderen.

Schäfer und Schafherden sind wie die allgegenwärtigen Olivenbäume ein fester Bestandteil des Landschaftsbildes von Aragonien, dem Hirten-, Gemüse- und Weinland Spaniens.

ihn nach Extremadura, das durch die Hirtenwanderwege mit dem Norden verbunden ist.
In dem breiten Becken des Ebro lassen sich noch heute jahrhundertealte, zum Teil aus der Maurenzeit stammende Bewässerungskanäle entdecken. Diese und neu hinzugekommene künstliche Wasseradern ermöglichen es, daß auf fruchtbaren Feldern, den *huertas,* reichlich Obst, vor allem Pfirsiche, aber auch Gemüse, an erster Stelle Spargel, Artischocken und Paprika, gedeihen. Vor allem die süßlich-herbe Piquillo-Paprikaschote zählt, neben dem Spargel, zu den echten Delikatessen. Sie kommt als Konserve, geröstet und geschält, auf den Markt und wird mit Knoblauch und Olivenöl angerichtet oder mit einer delikaten Füllung aus Fisch bzw. Stockfisch zubereitet. Sollte sich Aragonien durch ein Gemüse vertreten lassen, dann durch die Paprikaschote, die einer typischen Zubereitungsart den Namen gab: *a la chilindrón.* In einer würzigen Komposition aus Paprikaschoten, Zwiebeln, Tomaten und Safran läßt sich fast alles schmoren, vom Fisch bis zum Kaninchen. Und das wird in der *zona de los chilindrónes* auch reichlich praktiziert.
Unter Spaniens Weinen sind diejenigen aus der Rioja, die zum Teil zu Aragonien gehört, sicher die bekanntesten. Doch müssen sie sich Konkurrenten aus umliegenden renommierten Anbaugebieten gefallen lassen, die alle reizvolle, eigenständige Weine hervorbringen. Wer von Aragonien spricht, darf auch die Olivenbäume nicht vergessen, die praktisch überall wachsen und ein hochwertiges, fruchtig schmeckendes Öl liefern, das aus der spanischen Küche nicht wegzudenken ist. Mit ihren bizarren Gestalten verleihen sie der Landschaft mediterranen Charakter, ganz besonders im Frühling, wenn das silbrige Grün ihrer Blätter mit dem zarten Rosa der Mandelblüten zu einer heiteren Farbsymphonie erklingt. Wer Aragonien bereist, trifft überall auf die stummen Zeugen einer von kulturellen Kontrasten geprägten Vergangenheit. Neben romanischen Baudenkmälern im Norden des Landes finden sich entlang des „Jakobsweges“, der berühmten Pilgerstraße nach Santiago de Compostela, noch Dörfer, die im Schatten der Bergriesen ihre ganz individuelle mittelalterliche oder maurische Architektur erhalten haben.

Cava – die prickelnde Lebensfreude

Wo gefeiert wird, da fließt nicht nur im quirligen Barcelona der *cava* in Strömen, das Elixier der Lebensfreude, aus dem die gute Laune ihre Kraft bezieht. Gerne stößt man besonders an dieser Küste mit einem Glas Cava, dem spanischen „Champagner“ an, und Anlässe dafür bieten sich immer: beim Treffen mit Freunden, als Aperitif oder Digestif, zur Vorspeise und zum Dessert oder als kleiner Muntermacher zwischendurch.

Die Hauptquelle, aus der die Freude sprudelt, liegt im grünen Hügelland hinter den Stränden südlich von Barcelona, im Penedés, weitere Anbaugebiete für den Rohstoff zu diesem perlenden Elixier findet man in acht Provinzen Nordost- und Ostspaniens.

In kilometerlangen Reihen stapeln sich Flaschen im unterirdischen Stollennetz von Penedés, das Besucher auf kleinen Zügen durchfahren können. Der Boden im Gebiet der Stadt San Sadurní de Noya (katalanisch San Sadurní d'Anoia) gleicht einem riesigen Höhlenlabyrinth. Die imposanten Stammsitze der beiden größten Hersteller, Codorníu und Freixenet, lassen sich nicht übersehen. Ihre Tradition drückt sich auch in den rebenumrankten Fassaden aus, auf denen katalanische Künstler des *modernismo,* so auch Gaudi, ihre dekorativen Kunstwerke hinterließen. Jährlich werden hier nach der Champagner-

Für ihre Spitzenweine zu Recht berühmt: die Rioja – die mit Abstand bekannteste Weinregion Spaniens.

Seite gegenüber, Bild oben: Sektkeller des Cava-Herstellers Codorníu in San Sadurní de Noya im Penedés. Der Keller, lateinisch „cavus“ (Keller, Höhle), in dem er heranreift, gab dem Cava seinen Namen.

Bild unten: San Sadurní de Noya im Penedés. Von hier stammen über 90 Prozent der spanischen Sektproduktion.

methode an die 120 Millionen Flaschen Cava produziert, die zu den bereits vorhandenen Beständen unter der Erde wandern, um sich prickelnd zu veredeln. Im Jahre 1986 mußten die Hersteller für ihren *champán* einen neuen Namen suchen, weil es die Champagnerhersteller aus Frankreich so wollten. Sie wählten die Bezeichnung *cava* nach dem lateinischen Wort „cavus“ für Höhle oder Keller. In letzterem muß der Cava mindestens neun Monate verbringen, bis sich die gewünschte Qualität einstellt.
Die Cava-Hersteller brannten in die Korkenböden ein weiteres Erkennungszeichen, den vierzackigen Stern.
Die Geschichte des spanischen Schaumweins beginnt in der zweiten Hälfte des neunzehnten Jahrhunderts mit Josep Raventos, der in der Champagne die Schaumweinherstellung erlernte und sie nach französischem Vorbild in seiner Heimat, dem Penedés, mit großem Erfolg praktizierte. Seine Erzeugnisse aus der Parellada-Traube begründeten den Ruhm des mit 200 Kellern größten und neben Freixenet renommiertesten Cava-Herstellers, des Hauses Codorníu. Sage und schreibe 99 Prozent aller spanischen Cava-Schaumweine kommen aus Katalonien. Nach wie vor werden sie aus den traditionellen Rebensorten der Region – Xarel-lo, Macabeo und Parellada – gewonnen. Während die Xarel-lo dem Verschnitt Festigkeit und Säure verleiht, trägt die Macabeo Fruchtigkeit und Frische bei. Die edle Parellada schließlich bringt Milde, Duftigkeit und Finesse.
Der nach der Champagnermethode hergestellte Cava ohne Jahrgangsbestimmung lagert nach Abfüllung mindestens neun Monate, Qualitäts-Cava drei Jahre. Beliebt ist der Cava wegen seiner trockenen, herb-eleganten Fruchtigkeit und seiner feinen Perlung. Ein Großteil der Cava-Produktion wird in der eigenen Region konsumiert. Am Wochenende treffen Katalanen und Feriengäste nicht selten in den Probierstuben der kleinen und größeren Bodegas von San Sadurní de Noya zusammen, um einen trockenen oder halbtrockenen Cava oder einen charaktervollen Jahrgangssekt zu „testen“. Die einen in der Absicht, den eigenen Vorrat aufzufüllen, die anderen, um etwas von der „prickelnden Lebensfreude“ Spaniens mit nach Hause in den kühlen Norden zu nehmen.

Die spanische Levante und Andalusien

Seite gegenüber:
Sie gehört zu Valencia wie das Salz zur Suppe: die Paella, besonders wenn sie – wie hier an der Levanteküste – mit fangfrischen Zutaten zubereitet wird.

Von der Orangenblütenküste zu weißen Dörfern

Im Norden stößt sie an Katalonien, im Süden an Andalusien – die spanische Levante, ein sinnenfroher, sonnenverwöhnter Küstenabschnitt, das Land der aufgehenden Sonne. So in etwa läßt sich der aus dem Italienischen stammende Begriff „Levante" übersetzen. Ursprünglich galt die Bezeichnung nur den Ländern des östlichen Mittelmeeres, Syrien und dem Libanon, insbesondere deren Küste (Levanteküste). Im Mittelalter wurde der Begriff aber zusehends durch den Handel der italienischen Stadtstaaten mit dem Orient bestimmt, deren europäisch-orientalische Mischbevölkerung man als Levantiner bezeichnete. Heute werden mit dem Begriff „Levante" gleichermaßen die italienische Rivieraküste bei Genua wie die südöstliche Mittelmeerküste Spaniens bezeichnet. Sowohl an der – ursprünglichen – östlichen als auch an der westlichen Levante sind die Küchen durch die Geschichte miteinander verbunden: einmalig, eigenwillig und voller Raffinesse, worin sich das arabisch-morgenländische Erbe bemerkbar macht. Vor allem im angrenzenden Andalusien ist der Einfluß des Orients auf vielerlei Art präsent. Dem heutigen Anbaugebiet des Sherry stifteten die aus dem östlichen Mittelmeerraum stammenden Phönizier die ersten Rebstöcke. Als die Mauren später das Land eroberten machten sie durch ihre Architektur die Städte und weißen Dörfer Andalusiens zu weltberühmten Schmuckstücken, und die Musik des Flamenco erinnert noch heute ständig an sie.

Die Levante – die Heimat der Paella

Die spanische Levante im engeren Sinn teilen sich die beiden autonomen Regionen Valencia und Murcia. Sie sind für ihren Gemüsereichtum bekannt, für ausgedehnte Orangen-, Mandarinen- und Zitronenhaine, für ihren Wein und vor allem auch für den Reis. Die *paella valenciana* ist das Nationalgericht der Region. Für den kulinarischen Reichtum der spanischen Levante legten die Römer den Grundstein, indem sie als erste mit der künstlichen Bewässerung des langgezogenen Tieflandes hinter der Küste begannen. Dahinter erheben sich Vorgebirge, teils graue Steinwüsten, durchsetzt von Anbauterrassen. Die Mauren erweiterten

Fischer an der Levante bei Santa Pola.

das System der Römer durch ein raffiniertes Netz von Kanälen und Schiebern, die zu bestimmten Zeiten geöffnet wurden, um die Parzellen zu überfluten. Diese Ordnung besteht auch heute noch und ist gesetzlich geregelt. Holzschöpfräder, die *norias,* glichen fehlendes Gefälle aus. Heute erledigen Pumpen ihre Arbeit. Aus dem bewässerten Land entstanden die *huertas,* fruchtbare Plantagen. Das günstige Klima der Levante ermöglicht bis zu vier Ernten im Jahr und läßt auch das nördliche Europa vom reichen Segen profitieren, denn das meiste geht in den Export. Zu den zahlreichen nahrhaften Mitbringseln der Mauren, Gemüse wie Auberginen, Artischocken und Spinat, Früchte wie Melonen, Orangen und Zitronen, zählt auch der Reis. In der *zona de arroces,* der Zone der Reisgerichte, spielt er eine Hauptrolle – und nicht nur in der Paella. Seine Hauptanbaugebiete liegen im Bereich der Flüsse Segura und Mondo in der Provinz Murcia. Sie liefert hochwertige Rundkornreis-Sorten mit der Herkunftsbezeichnung *Arroz Calasparra.* Gerne wird Reis mit Fisch und Meeresfrüchten kombiniert, eine Vorliebe, die auch Andalusien teilt, wie *arroz campesino,* mit Muscheln zubereitet, beweist. Die stets verfügbaren, frischen Zutaten der Levante, Tomaten, Artischocken, Paprikaschoten und Zwiebeln finden sich in zahlreichen phantasievollen Gerichten und Salaten. Zur Erfrischung läßt man sich während des heißen Sommers gerne eine kühle *sangria* aus Orangensaft und Wein schmecken. Ein sehr beliebtes Getränk ist auch die *horchata de chufa,* eine milchweiße, süßliche und erfrischende Flüssigkeit aus Erdmandeln. Dabei handelt es sich um eine vitaminreiche Erdknolle, die im Geschmack an Mandeln oder Haselnüsse erinnert und durch die Mauren nach Valencia gelangte. Die Levante ist vor allem auch bekannt für ihre Süßigkeiten, allen voran *turrón,* eine Spezialität der Provinz Alicante. Der in seiner ursprünglichen Rezeptur harte, weiße, mit gerösteten Mandeln durchsetzte Nougat wird heute in vielerlei Variationen angeboten. Ein weicher Nougat, teils mit kandierten Früchten angereichert oder mit Schokolade überzogen, kommt aus der Gebirgsstadt Jijona, dem Zentrum der spanischen Turrón-Industrie. Natürlich weiß man an der

Levante auch zu feiern, wobei sich meist alles ums Feuer dreht. Das gilt vor allem für die *Fallas* vom 12. bis 19. März, Valencias berühmteste Feste, die mit Stierkämpfen und mit Umzügen aus gigantischen Pappmachéfiguren begangen werden. Letztere werden am Josephstag (19. März) in Hunderten von Feuern („fallas") verbrannt. Vor dem Verbrennen bewahrt wird nur eine, von einer Jury ausgewählte Figur, die im Museo de las Fallas ihren Ehrenplatz erhält. Ein ähnliches Fest, *Fogueras* genannt, findet am 24. Juni in Alicante statt, ganz zu schweigen von den vielen kleineren Veranstaltungen im Umland, bei denen sich oft Mauren und Christen in historischen Kostümen gegenüberstehen.

Ein ganz besonderes Fest ist die *Tomatina,* eine ausgelassene Tomatenschlacht, die nach der Erntezeit am letzten Mittwoch im August in Buñol bei Valencia gefeiert wird. Dabei bewerfen sich die Erntearbeiter mit Tonnen vollreifer Tomaten, die Straßen des kleinen Ortes verwandeln sich in Flüsse von roter Sauce. Beim Großreinemachen nach der Schlacht legen dann alle gemeinsam mit Hand an.

Andalusien – farbenfrohe Feste und Sherry

Andalusien gilt vielen als das Spanien schlechthin, mit Flamenco, Stierkampf, stolzen Caballeros und den feurigen Augen der Señoritas hinter ihren Spitzenfächern. Die südlichste Region

Ein günstiges Klima, fruchtbares Land und ein ausgeklügeltes Bewässerungssystem, zu dem schon die Römer den Grundstein gelegt hatten, machten die Levante zum Fruchtgarten Spaniens.

Orangenplantage in Orba in der Provinz Valencia.

des Landes bietet mehr als Klischeebilder und steckt voller Kontraste, von der Costa del Sol, den Kulturschätzen im Dreieck Sevilla, Cordoba und Granada bis hin zu den *pueblos blancos,* den seit Ewigkeiten nahezu unveränderten weißen andalusischen Dörfern im Hinterland. Die Landschaft wechselt von den schneebedeckten Gipfeln der Sierra Nevada zu den fruchtbaren Flußniederungen des Guadalquivirs. Grüne Rebflächen, gelbe Sonnenblumenfelder und die satte rote Erde der Olivenhaine bieten reizvolle Farbkontraste. Sevilla ist die Primaballerina des Südens, die heitere Metropole Andalusiens, geprägt von den maurischen Herrschern. Wie bei einer arabischen Kasbah drängen sich die Altstadtgäßchen mit kleinen hübschen Winkeln und stimmungsvollen Plätzen um die *Giralda,* ein ehemaliges Minarett, das zu einem Glockenturm wurde. Nicht nur hier demonstrierte das

Christentum seinen Sieg über die Mauren. Nach jahrhundertelangem Verbot durfte wieder Schweinefleisch genossen werden – und damit auch die lange entbehrten luftgetrockneten Schinken. Heute baumeln diese in vielen Tapa-Bars von der Decke und warten darauf, zu einem Glas Sherry verzehrt zu werden. Flamenco-Klänge und Knoblauchduft – das alles verschmilzt hier zu einem Potpourri mediterraner Lebenslust. Die Küche Andalusiens ist einfach und phantasievoll zugleich. *Gazpacho,* die köstliche kalte Gemüsesuppe, gilt dafür als bestes Beispiel. Mandeln verfeinern Suppen und Saucen, wie bei *pollo en pepitoria,* Huhn mit Mandeln. Nicht minder beliebt sind einfach zubereitete Fischgerichte und *tapas,* von denen die Andalusier behaupten, sie hätten sie erfunden. Und wer sie hier probiert und dazu *fino,* den trocknen Sherry, trinkt, wird kaum widersprechen können. Die andalusischen *fiestas* und *ferias,* Jahrmärkte und Messen, zählen zu den buntesten, schönsten und temperamentvollsten Spaniens. Dann haben die andalusischen Frauen mit ihren Rüschenkleidern und die *caballeros* mit ihren stolzen Araberpferden ihren Auftritt. Die hierarchischen Strukturen der heute häufig noch in Latifundien aufgeteilten Besitztümer sind sicher mit ein Grund dafür, daß bei festlichen Gelegenheiten flächendeckend Familiensinn demonstriert wird, daß Landarbeiter und *patrón* am Tisch zusammensitzen. Pompöses Gepräge begleitet, wie in vielen spanischen Städten, die *Semana Santa,* die Karwoche mit großen Umzügen der Bruderschaften in Büßergewändern. Fröhlich geht es gegen Ostern auf der sechstägigen *Feria de Abril* zu, einem Volksfest mit andalusischer Kultur und Folklore, mit Hunderten von *casetas,* Buden mit Essen und Getränken. Unter den großen Wallfahrten ist die *Romeria del Rocio* zu Pfingsten die schönste und wichtigste, eine Mischung aus Fest und Heiratsmarkt im Küstenland des Guadalquivirs. Ende September beginnt die Weinlese mit einem großen, feuchtfröhlichen Winzerfest, bei dem der Sherry im Mittelpunkt steht. Zu den originellsten Festen im Hinterland zählt in Mollina, in der Provinz Málaga, die *Matanza* am Samstag der ersten Dezemberwoche. Dann bieten die Landwirte zu Pferd ihre *morcilla,* Blutwurst, und

Andalusische Schönheit.

Eine Spezialität Andalusiens ist der Sherry, den es in verschiedenen Varianten gibt: (v.l.n.r.) Fino, Amontillado, Oloroso, Cream Sherry.

andere Delikatessen des örtlichen Schlachtfestes an. Des Nachts findet die große *Fiesta Campestre,* das Fest der einheimischen Landbevölkerung statt. In einer der Hochburgen des Olivenanbaus, in der kleinen Stadt Martos, wird vom 4. bis 8. Dezember die *Fiesta de la Aceituna* gefeiert, wobei man die besten Oliven und Olivenöle sowie andere Köstlichkeiten aus der bäuerlichen Region probieren kann.

Sherry – das Multitalent

Sanft ziehen sich die rebenbewachsenen Hügel bis zum Horizont, unterbrochen von vereinzelten weißgetünchten Anwesen. In dem Dreieck zwischen Jerez de la Frontera, Puerto de Santa Maria und Sanlúcar de Barrameda im äußersten Süden Spaniens wird der weltbekannte Sherry produziert. Ideale Voraussetzungen bieten hier ein heller, lehmiger Boden, auf dem die Palomino- und die Pedro-Ximénez-Trauben in der Sonne reifen, und ein einzigartiges Mikroklima. Dieses begünstigt die Bildung von *flor,* einer besonderen Hefeschicht auf der Oberfläche des vergorenen Weines.

Ansässig sind hier zahlreiche namhafte, alteingesessene *bodegas,* wie in Spanien die überirdischen Weinkeller heißen, große, fast sakral anmutende Hallen mit endlosen Faßreihen und einem unverwechselbaren Duft. Die Bodega ist das Refugium des *capataz,* des Kellermeisters. Seine sensible Nase entscheidet, was aus dem vorgegorenen jungen Wein wird, ob sich daraus ein *fino* oder ein *oloroso* entwickeln soll. Den zukünftigen Finos setzt der Kellermeister nur so viel Alkohol zu, daß sie etwa 15 Volumenprozent aufweisen. So kann die Flor-Schicht weiterhin Farbe und Geschmack beeinflussen. Die *olorosos* werden auf einen Alkoholgehalt von 18 bis 21 Prozent aufgestockt, die Hefe stirbt ab, der Wein kann oxydieren und seine eher holzige Note annehmen. Hergestellt wird der Sherry nach dem *solera* genannten Verfahren. In den Bodegas liegen fünf Faßreihen übereinander. Nur aus der untersten Riege, der *solera,* wird Sherry für den Verbrauch entnommen. Denn sie enthält den am längsten gelagerten Wein. Die Faßreihen darüber, die *criaderas,* sind die Kinderschulen des Sherry. Wird ein Quantum von etwa 25 Prozent aus der

Solera entnommen, so wird die nun fehlende Menge sofort aus der nächstoberen Criadera ersetzt. Die Fehlmenge der ersten Criadera wird wiederum mit einem Quantum der darüberliegenden zweiten Criadera aufgefüllt, und so fort, bis die oberste Faßreihe mit frischem Wein versorgt wird. Durch dieses System befindet sich in jeder Solera eine ausgewogene Mischung vieler Generationen Sherry von gleichbleibender Qualität. Nach diesem Grundprinzip entstehen alle Sherry-Sorten, die der erfahrene Kellermeister noch weiter veredelt. Eine der beliebtesten und meist getrunkenen ist der trockene *fino* mit seinem Mandelaroma, schimmernd und hellgelb, kalt getrunken, vor allem zu Tapas. Eine Spitzenstellung unter den Finos nimmt der *manzanilla* ein. Mit seinem leicht salzigen Beigeschmack ist dieser blaßgelbe, zartbittere und trockene Sherry der ganze Stolz von Sanlúcar de Barrameda. Eine Weiterentwicklung des Fino ist der trockene oder halbtrockene *amontillado,* goldgelb bis bernsteinfarben und mit einem kräftigen Aroma. Der trockene *oloroso* glänzt dunkelbernsteinfarben und schmeckt kräftig nach Haselnuß. Mit der süßen Pedro-Ximénez-Traube versetzt, entwickelt er sich zum Cream-Sherry. Besonders lange in Eichenfässern gelagerte Sherrys sind gefragte Raritäten, die Kenner mit besonderer Freude über die Zunge fließen lassen.

Sevilla: Kathedrale Santa Maria mit Giralda.

Nächste Doppelseite: Hafen von Sanlúcar de Barrameda, der Heimat der vielleicht feinsten Sherry-Spezialität, des Manzanilla. Mit Kamillentee (span. „manzanilla“) hat diese aromatische, leicht nach Meeresbrise schmeckende Köstlichkeit freilich nur den Namen gemeinsam.

OPS

Zentralspanien und Extremadura

Lieferant des kostbaren Safran, der nicht nur „den Kuchen gel'" macht, sondern den damit gewürzten Speisen auch ein unverwechselbares Aroma verleiht, ist eine mit der Herbstzeitlose verwandte Krokusart. Über 70 % der Weltproduktion an Safran stammen aus der Mancha.

La Mancha, Madrid und die schwarzen Schweine

Der Mittelpunkt Spaniens zeigt sich spröde, manche nennen ihn unwirtlich. Im Sommer versengt die Sonne die Erde. Eisige Stürme fegen im Winter über das ungeschützte Land, in dem herrenlose Burgruinen und Windmühlen mit zerfetzten Segeln wie einsame, vergessene Wachposten stehen. Doch zwischen Extremen von Hitze und Kälte zaubert der Frühling frisches Grün, breiten im Herbst Safranfelder einen violetten Blütenteppich aus. Weizenfelder und Weingärten zeigen eine andere, fast liebliche Seite des spanischen Herzstückes mit seinen Regionen Neu- und Altkastilien. Städte mit großen Namen wie Toledo und vor allem die Hauptstadt Madrid verleihen ihm Glanz. Die Region am südöstlichen Rande der Meseta, die berühmte La Mancha, nannten die Mauren *al ansha,* Land ohne Wasser. Nicht nur der fahrende Ritter Don Quijote kämpfte hier gegen allerlei Ungemach. Auch die Bauern rangen und ringen hier mit der Natur, die sich den Bemühungen des Menschen mit äußerster Hartnäckigkeit widersetzt. Ein Trost ist ihnen dabei ihr guter Wein, würziger Manchego-Käse sowie der allgegenwärtige Knoblauch. In der südwestlich liegenden Extremadura wechseln Olivenbaumhaine, Weingärten und Weiden mit Kork- und Steineichen einander ab. In diesem alten Bauern- und Hirtenland scheint die Zeit stehengeblieben zu sein, doch das täuscht!

Wo „Gold" gepflückt und Knoblauch geliebt wird

Der Ort Consuegra in der Provinz Ciudad Real mit seinen weithin sichtbaren Windmühlen auf der Höhe und einer respektablen Burgruine könnte die ideale Kulisse für ein Don-Quijote-Stück abgeben. Doch hier geht es um einen besonderen Schatz, wertvoller als Gold, den Safran. Das legendäre Gewürz aus dem Kelch der lila Blüten einer mit der Herbstzeitlose verwandten Krokusart ist ein unverzichtbarer Bestandteil der Küche des Orients und der spanischen Halbinsel. Mehr als siebzig Prozent der Weltproduktion kommen aus den kleinen Orten in der Mancha. Man nimmt an, daß die Phönizier oder Karthager das aus Asien stammende Zwiebelgewächs mitbrachten. Das Pflücken und Putzen der Blüten, das Rösten der Samenfäden erfordert neben Fin-

gerspitzengefühl vor allem Geduld und ist Arbeit der Frauen. Mit dem Namenstag der heiligen Theresa, am 15. Oktober, beginnt in der Morgendämmerung der Auftakt zur Ernte. Nach getaner Arbeit wird am letzten Sonntag im Oktober das Fest der Safranblüte gefeiert. Die besondere Leistung der Putzerinnen wird mit der Wahl der Safrankönigin gewürdigt. Ihr verleiht man den Ehrentitel der *Dulcinea de la Mancha.*

Doch nicht nur Safran und Weizen zählen zu den Schätzen der Mancha, sondern auch der Wein. Hier befindet sich das größte zusammenhängende Weinbaugebiet der Welt, heißt es, das wunderbare Rot- und Weißweine hervorbringt.

Für ihren Knoblauch sind die Provinzen Cuenca und Albacete berühmt. Angebaut wird dieser nahe dem Städtchen Las Pedroneras, auch *Capital del Ajo,* Hauptstadt des Knoblauchs, genannt. Besonders wertvolle Knollen hüllen sich in rosa-violette Häute und fehlen auch nicht in *pisto manchego,* dem sommerlichen Gemüsegericht. Zu den schönsten Städten der melancholischen Schönen, der Mancha, zählt die Provinzhauptstadt Cuenca, und wer über die weiten, ruhigen Dörfer in Richtung Madrid reist, meint immer noch Don Quijotes Rocinante über das Kopfsteinpflaster trappeln zu hören.

Madrid! – die stolze Hauptstadt mit Königspalast, großartigen Museen, großzügigen Boulevards,

Consuegra in der Mancha. Mit seinem „Don Quijote“, einer satirischen Abrechnung mit dem bereits damals überholten Ideal ritterlich-heroischer Männlichkeit, erlangte der spanische Dichter Miguel de Cervantes Saavedra Weltruhm. Auch heute noch bietet das südöstlich von Toledo gelegene Städchen eine ideale Kulisse für die Abenteuer des fahrenden Ritters von der traurigen Gestalt und seines treu-pfiffigen Begleiters Sancho Panza.

Toledo, Hauptstadt der autonomen Region Castilla-La Mancha, ist nicht nur eine der ältesten und schönsten Städte Spaniens. Die Stadt war lange Zeit auch europäisches Zentrum des Geistes und der Wissenschaft. Ihre berühmte Übersetzerschule sicherte dem Abendland das Wissen der griechisch-römischen Antike und der arabischen Kultur.

herrlichen Parkanlagen, alten romantischen Konditoreien wie dem *Lhardy,* Carrera de San Jerómino, eröffnet 1839, dem *rastro,* Madrids berühmtem Flohmarkt, und einer überaus vielfältigen Küche in der die Schätze aller kulinarischen Regionen vereinigt sind, nicht zuletzt auch die eigenen, wie *cocido madrileño, callos a la madrileña* u.a. Zu jeder Tages- und Nachtzeit kann man hier herrliche Tapas kosten, an die tausend verschiedene Sorten soll es geben. Manche Bars bestehen seit langer Zeit und sind innen wie außen Schmuckstücke ihrer Epoche, wie die *Casa Labra* in der Calle Tetuan Nr. 2, in der 1879 die Spanische Sozialistische Partei gegründet wurde. Und so verwundert es nicht, daß die Hamburger der amerikanischen Fast-Food-Ketten die *bocadillos* – köstlich belegte Brötchen, die man hier an jeder Straßenecke bekommt – nicht vertreiben konnten.

Zu den originellsten Festen Madrids zählt die „Beerdigung der Sardine" am Aschermittwoch, mit der der Madrider Karneval zu Ende geht. Festlich geschmückte Sardinen aus Pappe werden von der „Fröhlichen Bruderschaft des Begräbnisses der Sardine" mitgeführt. Schließlich wird eine echte Sardine unter großem Pomp begraben. Die Bruderschaft existiert seit 1948, als einige Antiquitätenhändler des Rastro auf die Idee kamen, das einzige fröhliche Begräbnis der Welt zu begehen.

Extremadura – stolze Städte und weite Weiden
Tempel, Aquädukte und Theater – selbst im äußersten Südwesten Spaniens begegnet man den Hinterlassenschaften der Römer, wie in Mérida, einst Hauptstadt der römischen Provinz Lusitania, zu der auch Portugal gehörte. Städte wie diese hat Extremadura reichlich in Reserve, wie Cáceres mit feinen Adelssitzen und Patrizierhäusern im historischen Kern, den die UNESCO sogar zum Kulturgut der Menschheit erklärte; oder auch Trujillo, mit einer siebentorigen Mauer, die den kostbaren Altstadtkern umschließt. Viele, die hier ihre großen Paläste bauten, hatten mit Hernán Cortés an der Eroberung des Aztekenreiches teilgenommen und waren dabei reich geworden. Einer, Juan Cano de Saavedra, heiratete sogar die Tochter des Kaisers Moctezuma II., fügte seinem Namen ein *y Moctezuma* bei und errichtete einen der Paläste in Cáceres. Die prächtigen alten Städte und die bukolischen Weiden, auf denen vielleicht Gott Pan noch Flöte spielt, sie machen Extremadura zu einem unvergeßlichen Erlebnis. Schon ein Blick in die wellige Landschaft verrät den Charakter eines typischen Weidelandes. Bis an den Horizont erkennt man locker verstreut weidende Herden, auf den Hirtenstab gestützte Hirten mit dem wartenden Muli und dem wachsamen Hund. Verstreute Gehöfte, kleine, uralte Dörfer vor einem weiten Himmel – diese Bilder widersprechen

Madrid, Königsschloß (Palacio Real oder Palacio de Oriente). Der 1734 im klassizistischen Stil anstelle des abgebrannten Alcázar erbaute Palast dient heute als Museum.

Landschaft in der Extremadura.

dem Ruf einer angeblich armen Region. Und reich macht sie zum einen der Käse, vor allem der *serena* aus der Provinz Badajoz, der, wie alle anderen hier entstehenden Sorten, nicht industriell hergestellt werden kann, weil er dann nicht mehr derselbe, exquisite Käse wäre, und weil es dafür nicht genug Milch gibt. Die Merinoschafe ernähren sich von Süßgräsern, Kleesorten, Kräutern und Leguminosen und liefern dafür eine hochwertige, fettreiche Milch. Schon seit alters verwenden die Käsemacher zum Gerinnen der Milch auch ein pflanzliches Labferment, das aus einer Distelart, der wildwachsenden Kardone oder spanischen Artischocke gewonnen wird. Sie verleiht dem aromatischen, feinsäuerlichen Käse eine zusätzliche, apart-herbe Geschmacksnote. Ein weiterer kulinarischer Schatz Extremaduras sind die Kirschen: Einen schöneren Anblick kann man sich im Frühling kaum wünschen als die mit blühenden Kirschbäumen bedeckten Berghänge des Valle del Jerte in einem abgelegenen Winkel Extremaduras. Dort drängen sich elf kleine Dörfer zusammen, und sie alle leben mit dieser Blütenpracht und von den Kirschen. An die dreißig verschiedene Sorten kennt man hier. Der größte Teil wird im Inland verzehrt, ein Teil exportiert und aus dem Rest ein hochgeschätztes Kirschwasser destilliert.

Im Grenzbereich nahe Andalusien wechselt das Landschaftsbild, und nicht mehr das Grün der Weiden, sondern rostrote und ockerfarbene Erde überzieht die Hügel, überstreut wie mit silbergrünen Punkten von Tausenden von Olivenbäumen. Aneinandergereiht wie Perlen auf einer Schnur bilden sie großartige Muster, so daß sich das Auge an dieser Landschaft kaum satt sehen kann.

Begehrt – Schinken von glücklichen Schweinen

Es ist schwarz, von Statur hochbeinig, relativ zierlich und nicht übermäßig groß. In kleinen Herden wuselt es durch lichte Stein- und Korkeichenwälder, über grüne Weiden und Stoppelfelder. Im Gegensatz zu anderen, „gewöhnlichen" europäischen Rüsseltieren werden sie reichlich verwöhnt, die schwarzen iberischen Schweine. Soviel Zuwendung hat freilich nicht nur uneigennützige Motive. Ein artgerechtes Leben in freier Natur gönnen ihnen die spanischen Bauern vor allem deshalb, weil sie wissen, daß sie dafür die köstlichsten Schinken Spaniens und die aromatischsten Würste erhalten. Gleichzeitig sorgen die Schweine für den Erhalt der *dehesa,* des lichten mittelmeerländischen Waldes zwischen dem Golf von Cadiz im Südwesten und Salamanca. Er bildet den charakteristischen Lebensraum des iberischen Schweins *(cerdo iberico),* einer Kreuzung von wildem Eber und einer mediterranen Rasse, die sich seit Jahrhunderten hier halten konnte. Die Nutzung des Kork- und Steineichen-Bestandes, der Weiden mit Süßgräsern und Leguminosen, Wildformen der Hülsenfrüchte, und der abgeernteten Getreidefelder war hier seit langem mit der Schweinehaltung und dieser Rasse verbunden, die sich dem kontinentalen Klima mit den hohen Sommertemperaturen, teils erheblichem Wassermangel und kurzen Kälteperioden im Winter anzupassen wußte. Noch etwa jedes zwanzigste Schwein gehört zur einheimischen Rasse, die sich auf den ausgedehnten Weiden und Wäldern Westandalusiens, der Extremadura und beider Kastilien bevorzugter Haltung erfreut. An die Qualität ihrer Schinken reichen die aus dem Norden Europas zugewanderten Hausschweine keltischen und asiatischen Ursprungs nicht heran. Die mit feinen Fettadern durchsetzten Schinken besitzen ein wunderbares Aroma, und aufgrund des starken Eichelverzehrs

Die ausgedehnten Dehesas der Extremadura mit ihrem üppigen Kork- und Steineichenbestand sind für die schwarzen iberischen Schweine ein echtes Schlaraffenland. Eicheln, die Hauptnahrung der wohlschmeckenden einheimischen Rasse, gibt es hier in Hülle und Fülle.

Olivenhaine bei Jaen, Andalusien.

dieser Tierart enthält ihr Fett einen hohen Anteil ungesättigter, gesunder Fett- und Linolsäuren. Den typisch milden, leicht süßlich-aromatischen Geschmack erhält der Schinken in monatelanger, bis zu zwei Jahre dauernder Reifung. Die Stücke werden zwischen Schichten aus grobem Meersalz gestapelt, das während einer genau kalkulierten Zeit einzieht. Dann wäscht der *maestro jamonero,* der Schinkenmeister, die Schinken und hängt sie zum Ausschwitzen und Reifen in luftige Räume oder Dachkammern. Der Ort muß mindestens 800 Meter hoch in frischer Bergluft liegen. Schinken der schwarzen Ibérico-Schweine, deren Erkennungszeichen der schwarze Fuß ist, werden gewöhnlich als *pata negra* oder *jamón ibérico* bezeichnet. Charakteristische Merkmale sind seine frische rote Farbe, kleine weißliche Pigmenteinschlüsse zwischen der zarten Fettmarmorierung und die leicht rosige Speckschicht.
In einem ähnlichen Herstellungsverfahren entsteht der sogenannte Serrano-Schinken *(jamón serrano)* aus ausgesuchten weißen Rassen, der auch bei uns erhältlich ist und an dem eingebrannten großen „S“ auf der Schwarte erkennbar ist.

Olive und Olivenöl – zwei Partner des guten Geschmacks

Besitzt eine Person ein gewinnendes Äußeres und wirkt zudem sympathisch, sagt man in Spanien, sie habe „das Glück der Oliven“ – *la suerte de las aceitunas.* In dieser Redensart drückt sich die Wertschätzung für die kleine ovale Frucht aus, ohne die die Küchen und Tapa-Theken Spaniens ganz schön arm daständen. Der Olivenbaum behauptet auf der Iberischen Halbinsel seit der Antike seine festen Plätze und große Flächen, vor allem in Andalusien. Feinste, kaltgepreßte, aromatische Olivenöle kommen aus Gebieten mit kontrollierter Herkunftsbezeichnung (D.O. – *Denominación de Origen*), die bisher vier Anbaugebiete erhielten: in Andalusien die D.O. Sierra de Segura, Provinz Jaén, und D.O. Baena, Provinz Córdoba; in Katalonien D.O. Les Garrigues, Provinz Lérida/Lleida, und D.O. Siurana, Provinz Tarragona. Andere wichtige Anbaugebiete ohne D.O. sind die Regionen Extremadura und Kastilien-La Mancha. Mit einer Jahresproduktion von etwa 500 000 Tonnen (außer in Dürrejahren) erzeugt

Traditionelle Olivenölpresse.

Spanien weltweit die größte Menge Olivenöl. Einer der Hauptabnehmer ist – schon seit der Zeit der Römer – Italien.

Zu den wichtigsten Olivensorten zählen in Andalusien die fruchtige *picual* sowie die leicht süßlichen *hojiblanca* und *picuda;* in der Extremadura sind es die feinfruchtigen Sorten *carrasqueña* und *cacereña* sowie die kräftigere *marteno;* im strengen Klima der Mancha liefert die *cornicabra* ein duftiges und in Katalonien die *arbequina* ein Öl mit leichtem Mandelaroma.

Viele Öle sind ein Gemisch aus verschiedenen Olivensorten, die sich gut ergänzen und gegenseitig geschmacklich abrunden. Qualitativ unterscheidet man zwischen:

– „Jungfernöl", *aceite de oliva virgen* (aus dem reinen Saft der Frucht). Es wird durch mechanische Kaltpressung gewonnen, anschließend dekantiert, zentrifugiert oder gefiltert.

– „Raffiniertes Olivenöl" (das also erhitzt und dadurch verändert wurde) sowie

– einfaches „Olivenöl" (ein Gemisch aus Jungfern- und raffiniertem Öl).

Die absolute Spitzenstellung unter den Olivenölen nimmt das *aceite de oliva virgen extra* (Jungfernöl extra) ein, dessen Säuregehalt 1 Gramm pro 100 Gramm Öl nicht übersteigen darf.

Die Qualitätsöle Spaniens erobern immer stärker auch den internationalen Markt und die Küchen der Sterne-Köche, sind

Tapa-Bar in San Sebastian (Baskenland): ein beliebter Treffpunkt für jung und alt.

sie doch den Toskana-Erzeugnissen oft mehr als ebenbürtig – und dazu preislich günstiger. Als ein Beispiel hierfür mag das Olivenöl von Nuñez de Prado, einem Familienbetrieb in Baena bei Córdoba dienen, wo die handgepflückten Oliven der seit 1795 in Familienbesitz befindlichen Plantagen sofort nach der Ernte unter die Walzen der Steinmühlen kommen. Ohne Pressung, nur durch das Eigengewicht des Olivenbreis tropft ein Öl ab, das mit Recht den Namen *flor de aceite,* die „Blume des Öls" verdient. Dieses grüngoldene, zart nach Feigen duftende Erzeugnis empfiehlt Familienchef Andrés Nuñez de Prado mit einer Messerspitze Thymian- oder Rosmarinhonig auf Apfelsinenscheiben zu träufeln, mit einem Hauch Zimt zu überpudern und als erfrischendes Dessert zu genießen. Als eine Art Botschafter des Olivenöls seiner Heimat betrachtet sich Norberto Jorge, in dessen Restaurant *Casa Benigna* in Madrid (Benigno Soto, 9, 28002 Madrid) der Gast aus einer großen Vielfalt erstklassiger Olivenöle wählen und probieren kann, die aus unterschiedlichen Sorten und Regionen stammen. Das Öl der neuen Ernte wird im Winter in der Casa Benigna mit Freude begrüßt und gefeiert.

Eingelegte grüne Oliven werden gerne mit Mandeln, winzigen Zwiebelchen, Paprika- oder Anchovisstückchen gefüllt und zum Sherry aufgepickt.

Die Kanarischen Inseln

Zwischen nahem Afrika und fernem Spanien

Als „Garten der Hesperiden", „Inseln der Seligen" oder als „Elysische Felder" bezeichnete man die Inselgruppe der Kanaren in der Antike. Heute dienen sie den Sonnenhungrigen aus dem Norden als winterliches Asyl vor Kälte und Regen. Wie die Zugvögel steuern vor allem im Winter die Fluggesellschaften die Inseln an. Sonnengarantie verbürgt die Nähe zur afrikanischen Küste, die nur 145 km entfernt ist, während das europäische Festland ganze 1100 km weit weg liegt. Die Inseln Gran Canaria, Teneriffa, La Palma, Gomera, El Hierro, Fuerteventura und Lanzarote bilden für sich Miniaturkontinente mit europäischer, afrikanischer und amerikanischer Flora und Pflanzenformen, die sich teilweise nur auf einer Insel verbreiteten.

Auf dem fast kreisrunden Gran Canaria wechseln bukolisch-fruchtbare Täler mit tiefen Schluchten und über 2000 m hohen Gipfeln einander ab. Weinberge, Kaffee- und Bananenplantagen, Mandel- und Palmenhaine, vor allem auch die Dünenlandschaft bei Maspalomas verleihen der Insel ihren Charakter.

Auf Teneriffa erhebt sich der höchste Berg Spaniens, der *Teide* mit 3718 m, inmitten einer kargen Kraterlandschaft, den Cañadas. Sie liefert den porösen Bimstein, der zu *jables* zerkleinert und auf die Ackererde gestreut wird. Nachts nimmt dieses Substrat Feuchtigkeit auf, die es am Tag an den Boden und die Pflanzen abgibt und diese so vor dem Austrocknen bewahren.

Diese „Trockenfeldanbau" genannte Methode wird auch auf anderen Inseln praktiziert, vor allem auf der vulkanischen Insel Lanzarote. Klimatisch teilt sich Teneriffa in zwei Zonen, die grüne, feuchte im Norden mit dichten Kiefernwäldern und Lorbeerbäumen, und in das trockene Gebiet im Süden mit unzähligen Kakteen, auf denen die – wenn auch immer seltenere – Cochenille-Laus gezüchtet wird, die einen einst sehr begehrten roten Farbstoff liefert. Er wird als Speisefarbe verwendet, zum Beispiel beim Campari, färbt aber auch Kosmetika und wertvolle Garne und Stoffe leuchtend rot.

Fuerteventura: eben, trocken und mit Wüstencharakter bis auf einige oasenartige grüne Ortschaften, berühmt durch kilometerlange Badestrände und unzählige Buchten. Über die Insel hinaus

Los Roques, Teneriffa.

Nächste Doppelseite: Küste am Punta de Santo Domingo mit Felseninsel, La Palma.

Fischer auf Lanzarote.

berühmt ist auch der Ziegenkäse. Lanzarote besitzt eine geheimnisvolle, bizarre Mondlandschaft mit rund 300 Kratern und einer eigenen Vegetation, die auf der Basaltasche gedeiht. Die Feuerberge, die *Montañas de Fuego,* mit ihren vielfarbigen versteinerten Lavaflüssen, die Höhlensysteme der *Jameos del Agua* mit einer unterirdischen Lagune, ein Palmental und verstreute, weiße Dörfer machen den besonderen Reiz der Insel aus. Im Trockenfeldanbau werden Melonen, Weintrauben, Feigen, Tomaten und Zwiebeln angebaut. Die Reben wachsen in trichterförmigen, mit kleinen Mäuerchen geschützten Kuhlen, eng an den schwarzen Lavaboden geschmiegt. Daraus wird ein fruchtiger, leicht erdiger Weißwein gekeltert. La Palma gilt als die schönste und grünste der Inseln mit mehr als 700 Pflanzenarten. Vor allem Bananen und Tabak werden hier angebaut. La Gomera ist die exotischste mit Palmen- und Bananenhainen, tiefen, engen Schluchten mit Farnen und Moosen, schroff abfallenden Felsküsten. Eine besondere kulinarische Delikatesse ist hier der aus Palmen gewonnene Honig. El Hierro, die kleinste der Kanaren, liegt auch am weitesten westlich. Sie galt als „Ende der Welt", bevor die „Neue Welt" entdeckt wurde. Schon Columbus diente sie als „Sprungbrett" und letztmögliche Versorgungsstation vor der Fahrt über den Atlantik. Besonders gelobt werden hier der Inselwein und der Käse.

Runzelkartoffeln und ein geheimnisvoller Brei
Die Küche der Kanarischen Inseln ist geteilt, zum einen genügsam, geprägt von der Notwendigkeit, aus einfachsten Zutaten der Felder und des Meeres das Beste herauszuholen; zum anderen deftig, fast bürgerlich und mit reicher gefüllten Töpfen, in denen zu besonderen Anlässen verschiedene Fleisch- und Gemüsesorten garen, wie bei *puchero.* So zeigt sich der Kontrast der Inseln zwischen grüner, subtropischer Vegetation und unfruchtbarer Dürre vor allem auch auf den gedeckten Tischen. Doch wie wenig es eigentlich bedarf, zu kulinarischem Ruhm zu gelangen, bewies eines der Armengerichte, das die Touristen schätzen lernten, *papas arrugadas,* die Runzelkartoffeln mit ihren *Mojo*-Saucen, die sich wunderbar ergänzen. Typisch für die Inseln, daß sowohl Runzelkartoffeln als auch der Gemüseeintopf als Nationalgerichte betrachtet werden. Rätsel gibt Inselneulingen der Getreidebrei *gofio* auf, eine Art Überlebensmittel mit unterschiedlichen, manchmal schwer definierbaren Beigaben, der in Notzeiten immer satt machte. Oft wird Käse hineingebröckelt, der auf fast allen Inseln aus Ziegenmilch gemacht wird. Gofio gibt es statt Brot zu vielen Gerichten. Er soll auf die Ureinwohner der Kanarischen Inseln, die *Guanchen,* zurückgehen. Frischen Fisch bekommt man fast auf allen Inseln, meist gegrillt vom Rost – oder gedünstet. Und als Nachtisch werden gerne die tropischen Früchte serviert, die in diesem Klima gedeihen, vor allem Bananen, mit Honig gebraten und mit Rum aus der Karibik flambiert.

Spanischer Wein – Fülle und Vielfalt

Mit 1,7 Millionen Hektar besitzt das Land die weltweit größte Weinanbaufläche. Auf Europa bezogen liegt Spaniens Anteil bei 22 Prozent. Doch fällt die auf dieser Fläche erzeugte Weinmenge im Vergleich zu anderen europäischen Weinländern relativ gering aus. Die Produktion liegt bei knapp 33 Millionen Hektolitern. Das ist die Hälfte von dem, was Frankreich und Italien jeweils alleine erzeugen. 20 Millionen Liter ihres jährlich produzierten Weines trinken die Spanier selbst. Und in 80 Prozent aller spanischen Familien wird zu den Mahlzeiten Wein getrunken,

Eine typisch kanarische Delikatesse sind Runzelkartoffeln mit Mojo-Saucen. Probieren Sie doch einmal das Rezept auf Seite 106!

Weinlese in der Mancha.

ohne dabei jedoch die bewährte Tradition des *chateo,* das „Mit-Freunden-von-Bar-zu-Bar-ziehen", zu vernachlässigen. Zu probieren gibt es in Spanien nicht nur viele verschiedene, sondern auch zahlreiche gute bis exzellente Weine. Klima und Böden bringen eine unglaubliche Vielfalt hervor. Häufig wurde früher der zu hohe Alkoholgehalt der spanischen Weine bemängelt. Doch davon kann heute kaum mehr die Rede sein. Mit der Umstellung auf moderne Anbau-, Lese-, Kelter- und Ausbauverfahren kommen aus zahlreichen Kellereien leichtere, charaktervolle, hochwertige Weine mit 10 bis 13 Vol.-% Alkohol auf den europäischen Markt. Und von Jahr zu Jahr vergrößert sich die Zahl der nach strengen Kriterien bewerteten „gesetzlich geschützten Herkunftsgebiete" in den autonomen Regionen. Inzwischen gibt es 45 solcher mit der D.O.-Bezeichnung, *Denominación de Origen,* gekennzeichneten Gebiete, die international anerkannte Qualitätsweine produzieren. Angebaut werden in Spanien hauptsächlich bodenständige, zum Teil auch sehr alte Rebsorten. Seit einiger Zeit findet man, vor allem im Norden, aber vermehrt auch neue Rebsorten wie zum Beispiel Cabernet-Sauvignon und Chardonnay.

Über den Ausbau der Weine geben folgende Prädikate auf dem Flaschenetikett Auskunft: Junge Weine ohne Faßausbau erhalten kein Prädikat. Rotweine mit dem Prädikat *Crianza* besitzen eine Mindestreife von zwei Jahren, davon 12 Monate oder mehr in der *barrica,* im Eichenholzfaß. Für das Prädikat *Reserva* ist bei Rotweinen eine Mindestreife von drei Jahren vorgeschrieben, davon ein Jahr oder mehr im Eichenholzfaß. Für Weiß- und Roséweine beträgt die Mindestausbauzeit zwei Jahre bei mindestens sechs Monaten im Eichenholzfaß. Um das Prädikat *Gran Reserva* tragen zu dürfen, muß ein Rotwein mindestens zwei Jahre im Eichenholzfaß und drei Jahre in der Flasche reifen. Für Weiß- und Roséweine sind insgesamt vier Jahre Ausbauzeit vorgeschrieben, davon mindestens sechs Monate im Eichenholzfaß. Die einfachsten Kategorien sind deklariert als Tafelwein, *Vino de Mesa,* ohne Herkunftsbezeichnung, und als Landwein, *Vino de la Tierra,* der zu 60 Prozent aus einem bestimmten Anbaugebiet stammen muß.

Wozu paßt welcher Wein?
Zu Fisch-, Gemüse- und leichten Fleischgerichten passen bestens die trockenen Weine Nordspaniens, wie die Rosé-Weine, *rosados,* und Weißweine aus Navarra, Aragonien, Katalonien und der Rioja mit ihrer leichten Säure und feinen Fruchtaromen. Der *chakoli* (baskisch *txakoli*), Hauswein der Basken, ist von wunderbarer Frische und wie geschaffen für die würzige Atlantikküche.
Zu Meeresfrüchten und Fisch genießt man auch gerne die Weißweine Galiciens, etwa diejenigen aus der D.O. Rías Baixas, junge Weine aus den edlen Albariño-Trauben oder delikate, duftende strohgelbe Spitzenweine der D.O. Ribeiro. Zu den Reis-, Nudel- und Fischgerichten der Levante, wie zur legendären Paella, schmecken die leichten, fruchtigen Weißweine der D.O. Valencia oder ein Rosé der D.O. Valdepeñas.
Die körperreichen Rotweine aus La Rioja begleiten herzhafte Fleisch- und Eintopfgerichte, Wild, würzigen Käse und Schinken.
Dazu stehen noch etliche andere Weine zur Auswahl, samtige Rote aus Kastilien – La Mancha oder aus dem kleinen, aber feinen Anbaugebiet D.O. Blinissalem der Insel Mallorca, süße Dessertweine aus Malaga oder die frischen und fruchtigen Weine der Kanarischen Inseln. Spanien verfügt über eine solche Vielfalt hervorragender Weine, daß sich darunter für jeden Geschmack und zu jedem Anlaß ein passender Tropfen findet.

Zu einem guten Essen gehört auch ein guter Wein. Diese baskischen Schäfer jedenfalls wissen auch zum Abendessen einen guten Tropfen zu schätzen.

Vorspeisen und Suppen – Tapas

Pikantes aus dem Meer

GARNELEN IN KNOBLAUCH-CHILI-ÖL
300 g mittelgroße, küchenfertige Garnelen (geschält, bis auf den Schwanz)
3 Knoblauchzehen
8 EL kaltgepreßtes Olivenöl
2 kleine, getrocknete Chilischoten, Salz

Pikant
Schwierigkeitsgrad:
1 von 3
Zubereitungszeit:
etwa 10 Min.

MUSCHELN MIT PAPRIKA-VINAIGRETTE
500 g große geschlossene Miesmuscheln
¼ Liter trockener Weißwein
1 TL schwarze Pfefferkörner, Salz
2–3 EL Zitronensaft
je ½ rote und grüne Paprikaschote
2 Lauchzwiebeln
½ Bund glatte Petersilie
4 EL kaltgepreßtes Olivenöl
1 Messerspitze Cayennepfeffer

Läßt sich vorbereiten
Schwierigkeitsgrad:
1 von 3
Zubereitungszeit:
etwa 20 Minuten

GARNELEN IN KNOBLAUCH-CHILI-ÖL
Gambas al Pilpil
Die Garnelen kalt abspülen, mit Küchenpapier trockentupfen. Den Knoblauch schälen, auf einem Brettchen mit dem Messerrücken zerdrücken. Das Olivenöl in einer Pfanne mittelstark erhitzen, darin den Knoblauch und die Chilischoten – letztere je nach gewünschter Schärfe ganz oder gehackt – unter Rühren kurz anbraten. Den Knoblauch herausnehmen. Die Garnelen im heißen Öl unter Wenden ½–1 Minute braten, salzen und gleich im Öl servieren.

Tip: Dazu serviert man reichlich Weißbrot, mit dem man das leckere Knoblauchöl häppchenweise auftunkt.

MUSCHELN MIT PAPRIKA-VINAIGRETTE
Mejillones a la Vizcaína
Die Muscheln in reichlich Wasser säubern. Wein mit den Pfefferkörnern aufkochen. Muscheln darin zugedeckt bei starker Hitze 3 Minuten garen, bis sie sich geöffnet haben. Die Muscheln herausnehmen, noch geschlossene Muscheln wegwerfen. Den Sud auf ein Drittel einkochen, durchsieben und mit Salz und Zitronensaft abschmecken. Von den Muscheln die leeren Schalenhälften abnehmen. Die gefüllten Schalen auf eine Platte legen. Paprika waschen und sehr klein würfeln. Das Weiße der Zwiebeln ebenfalls würfeln. Petersilie waschen, die Blättchen hacken. Gemüse und Petersilie mit Öl und Sud vermischen, mit Cayennepfeffer würzen und auf dem Muschelfleisch verteilen.

Jedes Sherryglas braucht einen Deckel, „tapa" heißt er auf spanisch. Der Name stammt noch aus der Zeit, als kleine Schinken- oder Wurstscheiben auf einem Tellerchen – so erzählt man sich – auf das Glas gesetzt und als Appetithappen dazu serviert wurden. Böse Zungen behaupten, daß der aufgesetzte Teller das Getränk vor der Gefahr hereinfallender Fliegen schützen sollte. Aus den schlichten Bissen zum Wein entstand ein reichhaltiges Angebot delikater Häppchen, das sich in den heutigen Tapa-Lokalen zwischen Barcelona und Sevilla nicht selten über die gesamte Theke erstreckt. Zu den leckeren Kleinigkeiten trinkt man meist Sherry Fino oder trockenen Weißwein.

Olesa

Aus Andalusien
Aus Katalonien

Champignons in Sherry Fischklösschen

CHAMPIGNONS IN SHERRY
500 g kleine Champignons
2 Lauchzwiebeln
2 Knoblauchzehen
5 EL kaltgepreßtes Olivenöl
100 ml Sherry Oloroso
Salz, Pfeffer aus der Mühle
1 Bund glatte Petersilie

Preiswert
Schwierigkeitsgrad:
1 von 3
Zubereitungszeit:
etwa 40 Min.

FISCHKLÖSSCHEN
250 g Kabeljaufilet
2 trockene Brötchen
4 EL Milch, 1 Ei
1 EL Mehl
Salz, Pfeffer aus der Mühle
1 Prise gemahlener Zimt
½ Bund glatte Petersilie
Olivenöl zum Ausbacken

Raffiniert
Schwierigkeitsgrad:
2 von 3
Zubereitungszeit:
etwa 25 Min.

CHAMPIGNONS IN SHERRY
Champiñones al Jerez
Die Pilze säubern. Das Weiße der Zwiebeln abschneiden, putzen und kleinwürfeln. Den Knoblauch schälen und würfeln. Olivenöl in einer Pfanne mittelstark erhitzen, Zwiebeln und Knoblauch darin glasig braten. Champignons zufügen und unter Rühren 5–6 Minuten braten. Mit Sherry ablöschen, mit Salz und Pfeffer würzen. Petersilie waschen, die Blättchen hacken, untermischen.

Die Beschaffenheit der vielfältigen kalten und warmen Tapas unterliegt bestimmten Regeln. Einst im Preis eines Sherrys oder eines Glases Wein inbegriffen, begleiteten die Happen die trinkfreudige Runde. Sie sollen verhindern, daß man beim Trinken betrunken wird. Quasi nebenher werden die noch ofenwarmen Champignons aus kleinen Tonschälchen mit Cocktailstäbchen aufgepickt. Zuvor in die Nußsauce gedipt, schmecken die Fischklößchen besonders lecker. Es ist übrigens kein Stilbruch, wenn man dazu eine kühle „cerveza" trinkt. Auch im Weinland Spanien wird im Sommer mehr Bier als Wein getrunken.

FISCHKLÖSSCHEN
Albondigas de Bacalao Fresco
Den Fisch abspülen, trockentupfen, Gräten entfernen. Die Brötchen würfeln, mit Fisch und Milch im Mixer zu einer feinen Paste verarbeiten. Diese in einer Schüssel mit Ei und Mehl vermengen, mit Salz, Pfeffer und Zimt würzen. Die Petersilie waschen, die Blättchen hacken und untermischen. In einem Fritiertopf reichlich Öl auf 170 °C erhitzen, bis an einem hineingehaltenen Hölzchen Bläschen aufsteigen. Aus der Fischfarce mit einem Eßlöffel Klößchen abnehmen und diese mit einem zweiten Eßlöffel in das Öl schieben. Die Klößchen hellbraun ausbacken, auf Küchenkrepp entfetten und nach Geschmack mit Nußsauce servieren.

Tip: Dazu eine Nußsauce bereiten. 50 g Haselnüsse mit 2 Knoblauchzehen, 2 Scheiben Weißbrot, gewürfelt, 1 Prise Safran und ⅛ Liter Weißwein im Mixer zerkleinern, in 4 EL Olivenöl anbraten, ¼ Liter Brühe einrühren, mit Salz, Pfeffer, Honig abschmecken.

CERVEZA TIPO
330ml

Aus Katalonien
Aus Asturien

Zweierlei Tapas

AVOCADOS AUF KATALANISCHE ART
2 EL Rosinen
2 EL Pinienkerne
2 Döschen Anchovis in Olivenöl, je 50 g Abtropfgewicht
3 EL Walnußöl oder Olivenöl
3 EL Weißweinessig
Salz, Pfeffer aus der Mühle
2 reife Avocados

Schwierigkeitsgrad:
1 von 3
Zubereitungszeit:
etwa 15 Min.

CHORIZO-WURST IN APFELWEIN
8 kleine, halbfeste Chorizo-Würste (ersatzweise Debrecziner-Würste)
½ Flasche trockener Cidre, Apfelwein
1 Lorbeerblatt

Schwierigkeitsgrad:
1 von 3
Zubereitungszeit:
etwa 40 Min.

AVOCADOS AUF KATALANISCHE ART

Aguacates a la Catalana

Die Rosinen in ½ Tasse warmem Wasser 2 Stunden einweichen. Die Pinienkerne in der Pfanne ohne Öl goldgelb anrösten. Anchovis mit Küchenpapier abtupfen und in lange Streifen schneiden. Aus Öl, Essig, Salz und Pfeffer eine Marinade rühren. Die Avocados schälen, halbieren, die Kerne herausnehmen. Die Avocadohälften längs in dünne Spalten schneiden und in einer Schale oder auf einem Teller anordnen. Die Hälfte der Marinade darüber träufeln. Die Rosinen abtropfen lassen, mit den Pinienkernen und den Anchovisstreifen auf den Avocados verteilen. Die restliche Marinade darüber träufeln.

CHORIZO-WURST IN APFELWEIN

Chorizo a la Sidra

Den Backofen auf 200 °C vorheizen. Die Würste in eine feuerfeste Form legen. So viel Cidre dazu gießen, daß sie halb bedeckt sind. Das Lorbeerblatt in kleine Stücke brechen und zufügen. Die Würste in Ofenmitte 30 Minuten garen, bis das ganze Fett ausgetreten ist. Die Würste gelegentlich wenden. Nach dem Garen in Scheiben schneiden und im Weinsud servieren.

Tip: Das Gericht kann auch mit Cabanossi oder einer anderen Paprikawurst zubereitet werden.

Viele Hügel Asturiens sind von Apfelbäumen überzogen. Aus ihren Früchten wird das Nationalgetränk der Region, „sidra“, Apfelwein, gekeltert. Sidra genießt man hier täglich, und das leicht alkoholische Getränk fehlt in keiner Bar und auf keiner Fiesta. Als kleinen Happen ißt man dazu gerne die in Apfelwein gegarte, herzhafte „chorizo“, eine Paprikawurst. Diese wird scheibchenweise mit Holzstäbchen aufgepickt und zusammen mit Brotstückchen verzehrt. Um eine neuere Tapa-Kreation handelt es sich bei den Avocados auf katalanische Art, die sich besonders schnell zubereiten lassen. Für improvisierte Tapas eignen sich die auch bei uns angebotenen spanischen Schinken sowie Wurst- und Käsespezialitäten, die mit einer Olive oder einem Stückchen Paprika auf Spießchen gesteckt werden.

Aus Galicien
Aus Extremadura

Muscheln in Knoblauch
Oliven im Fenchelsud

MUSCHELN IN KNOBLAUCH
500 g Herzmuscheln, ersatzweise Sand- oder Venusmuscheln
4 Knoblauchzehen
2 rote Chilischoten, frisch oder getrocknet
½ Bund glatte Petersilie
8 EL kaltgepreßtes Olivenöl, 1 EL Mehl
½ EL Paprikapulver, edelsüß
200 ml Weißwein, Salz

Raffiniert
Schwierigkeitsgrad:
1 von 3
Zubereitungszeit:
etwa 35 Min.

OLIVEN IM FENCHELSUD
2 Knoblauchzehen
3 EL kaltgepreßtes Olivenöl
1 knapper TL Fenchelkörner
250 g grüne und schwarze Oliven
⅛ Liter trockener Weißwein
einige Zweige frisches Fenchelkraut (von 2 Fenchelknollen oder aus dem Garten)

Läßt sich vorbereiten
Schwierigkeitsgrad:
1 von 3
Zubereitungszeit:
etwa 15 Minuten

MUSCHELN IN KNOBLAUCH
Almejas al Ajillo
Die Muscheln in einer großen Schüssel mit kaltem Wasser säubern. Dabei das Wasser mehrmals erneuern. Offene Muscheln wegwerfen, die übrigen abtropfen lassen. Den Knoblauch schälen. Die Chilischoten halbieren, Stiele und Kerne entfernen. Petersilie waschen. Knoblauch, Chilischoten und Petersilienblättchen hacken. Das Öl in einem Topf mittelstark erhitzen, Knoblauch, Chili und Petersilie darin andünsten. Mehl und Paprikapulver unterrühren, kurz anschwitzen. Den Wein unterrühren und aufkochen. Die Sauce mit Salz abschmecken. Die Muscheln hineingeben und zugedeckt 8–10 Minuten stark kochen, gelegentlich durchrütteln. Noch geschlossene Muscheln wegwerfen. Die übrigen in der Sauce servieren.

OLIVEN IM FENCHELSUD
Aceitunas en Fondo de Hinojo
Den Knoblauch schälen und in Scheibchen schneiden. Das Olivenöl in einer Pfanne mittelstark erhitzen, die Fenchelkörner darin anrösten, Knoblauch zufügen und glasig braten. Die Oliven im Öl wenden, Wein und 5 EL Wasser unterrühren, 3 Minuten kochen. Fenchelkraut grob hacken und untermischen. Die Oliven in einer Schüssel zugedeckt 2–3 Tage durchziehen lassen.

Muscheln, Meeresfrüchte und Fisch gehören zu den beliebtesten Tapas und fehlen, vor allem an den Küsten, auf keiner Tapa-Theke. Muscheln verschiedener Art werden entweder mit einer Vinaigrette angerichtet, wie im Rezept auf Seite 66, oder mit Olivenöl und Knoblauch geschmort und in den typischen braunen, runden oder ovalen Tonschüsselchen serviert. Zum Standard-Angebot zählen auch eingelegte grüne oder schwarze Oliven, mit und ohne Füllung, oder im würzigen Fenchelsud gegart.

Kalbsnierchen in Sherry
Datteln mit Speck

KALBSNIERCHEN IN SHERRY
1 Kalbsniere, etwa 300 g
2 Knoblauchzehen
3 EL kaltgepreßtes Olivenöl
1 TL Paprikapulver, edelsüß
100 ml Sherry Fino
Salz

Schwierigkeitsgrad:
2 von 3
Zubereitungszeit:
etwa 30 Min.

DATTELN MIT SPECK
5 Scheiben durchwachsener Frühstücksspeck
20 frische oder getrocknete, weiche Datteln ohne Kerne
20 Hölzchen zum Zusammenstecken
1 EL kaltgepreßtes Olivenöl
Pfeffer aus der Mühle

Schwierigkeitsgrad:
1 von 3
Zubereitungszeit:
etwa 20 Min.

KALBSNIERCHEN IN SHERRY
Riñones al Jerez
Die Niere kalt abspülen, mit Küchenpapier trockentupfen und in kleine Stücke schneiden, dabei die Häutchen und Sehnen entfernen. Den Knoblauch schälen und in Scheibchen schneiden. Das Olivenöl leicht erhitzen und den Knoblauch darin glasig braten. Das Paprikapulver unterrühren und kurz mitbraten. 4 EL Sherry unterrühren und bei Mittelhitze verdampfen lassen. Die Nierenstückchen unterrühren, kurz anschmoren, mit etwas Salz bestreuen. Den übrigen Sherry unterrühren und die Nierchen 5–6 Minuten dünsten, gelegentlich umrühren.

DATTELN MIT SPECK
Dátiles con Bacon
Den Speck in 20 Streifchen schneiden, in je 1 Streifchen 1 Dattel einwickeln. Die Enden mit Spießchen feststecken. Das Olivenöl in der Pfanne stark erhitzen, die Datteln rundum knusprig braten, auf Küchenpapier entfetten und mit Pfeffer bestreut servieren.

Tip: Wie die Datteln kann man auch entsteinte, weiche Dörrpflaumen mit Speck umwickeln und braten. Wenn Ihnen die Zubereitung in der Pfanne zu fett ist, können Sie die mit Speck umwickelten Datteln auch in einer feuerfesten Form im Backofen knusprig backen.

Tapas und Sherry, der Wein Andalusiens – sie gehören seit langem zusammen. Der trockene Sherry Fino oder der Manzanilla, ein besonders feiner Fino aus Sanlúcar de Barrameda in der Nähe des Atlantiks, sind noch heute die klassischen Begleiter der leckeren Häppchen. Den Sherry füllt man kühlschrankkalt in kleine, hohe Gläser, in denen er sich rasch auf die ideale Trinktemperatur von 8 °C erwärmt. Wegen des hohen Alkoholgehalts, der beim Fino immerhin 15 Vol.-% beträgt, trinkt man Sherry in der Regel nicht direkt zum Abendessen, sondern genießt ihn als Aperitif. Richtig rund wird der Geschmack freilich erst, wenn man ein paar Häppchen dazu ißt – z.B. ein paar leckere Datteln mit Speck.

BRISTOL

Aus Córdoba
Aus Murcia

Maurische Fleischspiesse
Gebratener Spargel

MAURISCHE FLEISCHSPIESSE
600 g Schweinefilet
2 Knoblauchzehen
Salz
1 TL gemahlener Kreuzkümmel
1 Messerspitze gemahlener Koriander
1 Messerspitze Cayennepfeffer
2 EL Paprikapulver, edelsüß
Pfeffer aus der Mühle
5 EL kaltgepreßtes Olivenöl
1 EL Zitronensaft
8 Holzspießchen, etwa 10 cm lang

Läßt sich vorbereiten
Schwierigkeitsgrad:
1 von 3
Zubereitungszeit:
etwa 30 Min.

GEBRATENER SPARGEL
150 g grüner Spargel
Salz
2 mittelgroße Eier
2 EL kaltgepreßtes Olivenöl
50 g Paniermehl
100 ml Olivenöl zum Braten

Schwierigkeitsgrad:
2 von 3
Zubereitungszeit:
etwa 45 Min.

MAURISCHE FLEISCHSPIESSE
Pinchitos Morunos
Das Fleisch in Faserrichtung in 7 cm lange dünne Streifen schneiden. Den Knoblauch schälen, im Mörser mit 1 TL Salz fein zerstoßen und in eine Schüssel geben. Die Gewürze zusammen mit Öl und Zitronensaft hinzufügen und alles zu einer Marinade verrühren. Die Fleischstreifen darin wenden und zum Marinieren für 2 Stunden zugedeckt kühl stellen. Dann das Fleisch in Zickzackform, etwa 5 cm hoch, auf Spießchen stecken (oder in Würfel schneiden und aufstecken) und auf dem Grillrost von jeder Seite 2–3 Minuten grillen oder in der Pfanne braten.

Die maurischen Fleischspieße werden in ganz Andalusien angeboten, vor allem jedoch in den Tapa-Kneipen der alten maurischen Stadt Córdoba. Während andernorts das Fleisch dafür meistens in kleine Würfel geschnitten wird, steckt man in Córdoba die Fleischstreifen traditionell zickzackförmig auf. Das Gericht geht auf die Zeit der Mauren zurück, die es allerdings aus Lammfleisch zubereiteten, wie man es noch heute auf der anderen Seite der Straße von Gibraltar, in Marokko, macht. In den Lebensmittelläden Andalusiens wird eine speziell für die Spieße hergestellte Gewürzmischung in kleinen Dosen angeboten, die man am Bild eines weißbärtigen Mauren mit rotem Turban erkennt.

GEBRATENER SPARGEL
Espárragos Fritos
Den Spargel waschen, die unteren holzigen Stielenden abschneiden, nur die unteren Teile der Stangen schälen. Den Spargel 15 Minuten, mit leicht gesalzenem Wasser bedeckt, bei mittlerer Hitze kochen und abtropfen lassen. Die Eier mit Olivenöl und ½ TL Salz verquirlen. Den Spargel gleich lang schneiden, 3–4 Stücke nebeneinander legen, mit 2 Hölzchen parallel aufspießen, in Ei und Paniermehl wenden. Olivenöl erhitzen und den Spargel darin braten, auf Küchenpapier entfetten.

Aus Navarra
Aus Navarra und Extremadura

Salatherzen
Geröstete Brotwürfel

SALATHERZEN MIT SARDELLEN
1 ganz frischer, großer Kopf- oder Eisbergsalat mit festem Herzen
2 Fleischtomaten
1 Döschen Anchovis in Olivenöl, 50 g Abtropfgewicht
1 EL fruchtiges, kaltgepreßtes Olivenöl
1 EL Sherryessig oder Zitronensaft

Schwierigkeitsgrad:
1 von 3
Zubereitungszeit:
etwa 15 Min.

GERÖSTETE BROTWÜRFEL
200 g weißes Landbrot, 2 Tage alt, ohne Rinde
1 TL Paprikapulver, edelsüß
100 g geräucherter Speck
6 EL kaltgepreßtes Olivenöl
2 Knoblauchzehen
1 kleine getrocknete Chilischote
Salz

Schwierigkeitsgrad:
1 von 3
Zubereitungszeit:
etwa 20 Min.

SALATHERZEN MIT SARDELLEN
Cogollos con Anchoas
Die äußeren grünen Salatblätter entfernen, so daß nur das Herz übrig bleibt. Den Salat vierteln, vorsichtig waschen und das Wasser gründlich abtropfen lassen. Die Viertel auf einer Platte anordnen. Die Tomaten waschen, Stielansätze herausschneiden, die Tomaten quer in Scheiben schneiden. Die Anchovis abtropfen lassen. Auf die Schnittstellen der Salatviertel je 1–2 Anchovisfilets legen. Die Tomaten an den Salat legen. Olivenöl, Essig oder Zitronensaft verquirlen, Salatherzen und Tomaten damit beträufeln, sofort servieren.

Getränk: Ein trockener Cava.

Tip: In Spanien verwendet man für dieses Rezept kleine Mini-Kopfsalate, eine Spezial-Züchtung, die auch bei uns im gut sortierten Fachhandel hin und wieder erhältlich ist. Wenn Sie diese Minis nicht bekommen, eignen sich Salatherzen dafür aber genausogut.

GERÖSTETE BROTWÜRFEL
Migas
Das Brot in ½–1 cm große Würfelchen schneiden und mit 2–3 EL Wasser leicht benetzen; es darf nicht durchweichen. Paprikapulver darüber streuen und das Brot zugedeckt 2 Stunden ruhen lassen. Den Speck kleinwürfeln und im Olivenöl bei Mittelhitze in der Pfanne kroß braten. Knoblauch schälen, durch die Knoblauchpresse drücken und dazugeben. Chilischote ohne Kerne und Stiel hacken, mit dem Knoblauch unterrühren. Die Brotwürfel zufügen und unter ständigem Rühren knusprig braten, mit Salz bestreuen und heiß servieren.

Getränk: Rotwein aus dem Anbaugebiet La Rioja oder La Mancha oder Sherry Fino.

Tip: Nach Geschmack auf jede Portion noch 1 Spiegelei setzen.

Noch heute erfreut sich „migas“ in ganz Spanien großer Beliebtheit. Man serviert es praktisch zu jeder Tageszeit. Die herzhaften Brotwürfelchen werden zum Frühstück gegessen oder als kleiner Imbiß zwischendurch.

Aus Kastilien
Aus Malaga

Zwei Knoblauchsuppen

KNOBLAUCHSUPPE MIT EI
4–6 Knoblauchzehen
6 EL kaltgepreßtes Olivenöl
3 Scheiben entrindetes, gewürfeltes weißes Landbrot, ca. 75 g
1 TL Paprikapulver, edelsüß
1 Liter kochendes Wasser oder Fleischbrühe
Salz, Pfeffer aus der Mühle
4 kleine Eier

Preiswert
Schwierigkeitsgrad:
1 von 3
Zubereitungszeit:
etwa 30 Min.

WEISSE KNOBLAUCH-MANDELSUPPE
200 g trockene Brötchen
100 g geschälte Mandeln
3 Knoblauchzehen
3 EL kaltgepreßtes Olivenöl
3 EL Sherryessig
½ Liter Eiswasser
Salz
Pfeffer aus der Mühle
250 g süße Muskatellertrauben

Sommergericht
Schwierigkeitsgrad:
2 von 3
Zubereitungszeit:
etwa 30 Min.

KNOBLAUCHSUPPE MIT EI
Sopa de Ajo con Huevo
Den Knoblauch schälen und in Scheiben schneiden. Das Olivenöl in einem Topf mittelstark erhitzen, Knoblauch und Brotwürfel darin unter Rühren leicht bräunen. Paprikapulver unterrühren und gleich danach das Wasser oder die Brühe zugießen. Alles bei schwacher Hitze im geöffneten Topf 10 Minuten kochen. Den Backofen auf 220 °C vorheizen. Die Suppe mit Salz und Pfeffer abschmecken und in feuerfeste Schüsselchen füllen. Jedes Ei einzeln aufschlagen, auf eine Untertasse gleiten lassen und auf die Suppe geben. Diese in Ofenmitte 5–6 Minuten backen und sofort servieren.

WEISSE KNOBLAUCH-MANDEL-SUPPE
Ajoblanco
Die Brötchen einweichen und ausdrücken, mit den Mandeln in den Mixer oder Blitzhacker geben. Den Knoblauch schälen, in Scheibchen schneiden und zufügen. Das Olivenöl und den Sherryessig ebenfalls dazugeben. Alles fein pürieren. Die Paste in eine Schüssel geben und das Eiswasser mit dem Schneebesen unterrühren. Die Suppe mit wenig Salz und Pfeffer abschmecken und gut kühlen. Die Trauben waschen, halbieren, entkernen. Vor dem Servieren die Suppe erneut durchrühren, einige Trauben auf jede Suppenportion geben und servieren.

Getränk: Ein halbtrockener Cava, z.B. *Carta Nevada semiseco* von Freixenet.

Variante: Statt mit Trauben kann man die Suppe auch mit gerösteten Weißbrotwürfeln servieren. Dafür 2–3 Scheiben entrindetes, gewürfeltes Weißbrot in der Pfanne ohne Fett oder mit 2–3 EL Olivenöl bei starker Hitze rundum knusprig braun braten. Nach dem Erkalten einige Brotwürfel auf jede Suppenportion streuen.

In der heißen Jahreszeit werden vor allem im Süden Spaniens die kalten Suppen, auch „gazpachos" genannt, gerne gegessen. Sie sind erfrischend und zugleich sättigend, wie die aus Malaga stammende weiße Mandelsuppe, der die süßen Muskatellertrauben der Region eine aparte Note verleihen.

Aus Andalusien

Kalte Gemüsesuppe

1 Gurke
je 1 kleine rote und grüne Paprikaschote
500 g vollreife Tomaten
1 große weiße Zwiebel
1 Knoblauchzehe
4 Scheiben entrindetes Weißbrot
50 ml Rotweinessig
Salz
4 EL fruchtiges, kaltgepreßtes Olivenöl
½ TL Paprikapulver, edelsüß
½ TL gemahlener Kreuzkümmel
½ Bund glatte Petersilie
1 mittelgroße weiße Zwiebel

Läßt sich vorbereiten
Schwierigkeitsgrad:
2 von 3
Zubereitungszeit:
etwa 45 Min.

Gazpacho Andaluz
Die Gurke schälen, entkernen und fein würfeln. Die Paprikaschoten halbieren, entstielen und entkernen, waschen und kleinwürfeln. Von der Gurke und den Paprikaschoten ein Drittel abnehmen und getrennt in abgedeckten Schüsselchen aufheben. Den Rest in eine große Schüssel geben.
Die Tomaten mit kochendheißem Wasser übergießen, kalt abschrecken, häuten, die Stielansätze und Kerne entfernen und das Fruchtfleisch hacken. Zwiebel und Knoblauch schälen und würfeln, mit den Tomaten ebenfalls in die große Schüssel geben.
3 Scheiben Brot zerbröckeln und zusammen mit Essig, ¾ Liter kaltem Wasser und 1 TL Salz hinzufügen. Das Gemüse mit dem Pürierstab fein pürieren.
2 EL Olivenöl und die Gewürze mit dem Schneebesen unterrühren. Die Suppe für 1 Stunde kalt stellen.
Vor dem Servieren das übrige Brot würfeln und in 2 EL Olivenöl goldgelb rösten. Die Petersilie waschen, die Blättchen fein hacken. Die Zwiebel schälen und kleinwürfeln. Gurke, Paprika- und Brotwürfel, Petersilie und Zwiebel in Schälchen getrennt bereitstellen. Die Suppe durchrühren, abschmecken und mit den Beilagen servieren.

Tip: Als Beilage kann man noch Schinkenwürfelchen oder/und geröstete gehackte Nüsse zur Suppe reichen. Da die hierzulande angebotenen Tomaten mit den im Süden erhältlichen Früchten geschmacklich nur selten konkurrieren können, empfiehlt sich zur Abrundung die Zugabe von 1½ EL Tomatenmark.

Wie einfach und zugleich phantasievoll die andalusische Küche ist, zeigt sich bei der „gazpacho". Sie war ursprünglich ein Essen armer Landarbeiter, zubereitet aus zerstampftem Brot, Knoblauch und Salz, angerührt mit Olivenöl und Wasser. Je nach Jahreszeit reicherten kreative Hausfrauen sie mit frischen Gemüsezutaten aus dem Garten an, oder mit Nüssen, Trauben, Bohnenmehl, Eiern, Fisch oder Fleisch. Diese Suppen, ob warm oder kalt, rangieren alle unter der Bezeichnung „gazpacho". Erst die Beigaben erhoben sie über ihren ursprünglichen Status als Arme-Leute-Gericht. Heute zählt die erfrischende „gazpacho andaluz" zu den Klassikern der spanischen Küche.

Eintopfgerichte, Reis, Eier, Gemüse und Salat

Aus Extremadura und Andalusien

Eintopf mit Kichererbsen und Spinat

300 g Kichererbsen
6 EL kaltgepreßtes Olivenöl
300 g frischer Spinat
2 Zwiebeln
2 Knoblauchzehen
4 Scheiben entrindetes weißes Landbrot, ca. 100 g
2 EL gehackte Petersilie
1 TL Paprikapulver, edelsüß
Salz
Pfeffer aus der Mühle

Braucht etwas Zeit
Schwierigkeitsgrad:
2 von 3
Zubereitungszeit:
etwa 1 Std. 15 Min.

Potaje de Espinacas y Garbanzos
Die Kichererbsen abspülen, mit reichlich kaltem Wasser bedeckt über Nacht einweichen. 2 EL Öl zu den Erbsen geben, nach Bedarf noch Wasser zufügen, so daß sie gut bedeckt sind. Die Erbsen 2 Stunden sanft kochen. Den Spinat putzen, waschen, tropfnaß bei starker Hitze in der Pfanne dünsten, bis die Flüssigkeit verdampft ist. Nach dem Abkühlen grob hacken. Zwiebeln und Knoblauch schälen und würfeln. In einer Pfanne 4 EL Olivenöl erhitzen. Brot, Zwiebeln und Knoblauch hellbraun braten, mit Petersilie und 4–5 EL Erbsensud in 2 Etappen im Mixer pürieren, mit Spinat unter die Kichererbsen rühren. Das Gericht mit Paprikapulver, Salz und Pfeffer abschmecken, 5 Minuten köcheln lassen. Falls der Eintopf zu dick ist, noch etwas heißes Wasser unterrühren.

Kichererbsen sind eine Lieblingshülsenfrucht der Regionen Extremadura und Andalusien, wo sie ebenso gut gedeihen wie im trockenen, heißen Klima Kastiliens. Die am meisten gehandelte Kichererbsensorte Spaniens ist die in Andalusien und Extremadura angebaute „blanco lechoso", die „Milchweiße". Sie ist dick und prall, von weiß-gelblicher Färbung und reich an Eisen und Magnesium. Angereichert wird ihr gesundes Potential noch durch die Beigabe von Gemüse und Getreide in Form von Brot, wie in dem nebenstehenden Rezept.

Garbanzos

Aus Asturien

Bohneneintopf

500 g große getrocknete weiße Bohnen
50 g Serrano-Schinken
200 g gepökelter Bauchspeck
1 große Zwiebel
4 Knoblauchzehen
1 Lorbeerblatt
2 TL Paprikapulver, edelsüß
einige Safranfäden
200 g kleine geräucherte Blutwürste, vorzugsweise spanische Morcilla
200 g dünne, weiche Paprikawurst, vorzugsweise Chorizo
Salz
Pfeffer aus der Mühle

Läßt sich vorbereiten
Schwierigkeitsgrad:
1 von 3
Zubereitungszeit:
etwa 45 Min.

Fabada Asturiana

Die Bohnen mit reichlich kaltem Wasser bedeckt über Nacht einweichen. Am nächsten Tag das Wasser abgießen und die Bohnen in einen großen Topf geben. Den Schinken in Streifen schneiden und mit dem Speck zu den Bohnen geben. Die Zwiebel und den Knoblauch schälen, halbieren und mit dem Lorbeerblatt zufügen. Alles mit reichlich kaltem Wasser bedecken und bei starker Hitze aufkochen. Dann bei sanfter Hitze zugedeckt 2 Stunden köcheln lassen, gelegentlich umrühren. Nach 1 Stunde Kochzeit Paprikapulver, Safran und die abgespülten Würste zugeben, weiterkochen, bis die Bohnen weich sind, sie dürfen jedoch nicht zerfallen. Das Gericht mit Salz und Pfeffer abschmecken. Vor dem Servieren Speck und Würste aus dem Eintopf nehmen und in Scheiben schneiden. Diese auf den Bohnen anrichten.

Getränk: Sidra, spanischer Apfelwein.

Nicht irgendwelche weißen Bohnen werden in Spanien für diesen tradtionellen Eintopf Asturiens, „fabada asturiana“, verwendet. Gefragt ist dafür die „faba“ oder „fabe“, eine weiße Bohne von außergewöhnlicher Qualität, die nur in Asturien angebaut wird. Ihr Aroma entwickelt sie in Gesellschaft einheimischer Wurstwaren wie Blut- und Paprikawurst, Schinken und Speck. Eigentlich gehören in das kraftvolle Gericht auch noch Schweineohren oder -schwänzchen, doch noch wichtiger ist das langsame Kochen, bis die Bohnen das volle Aroma der mitgegarten Fleisch- und Wurstsorten aufgenommen haben.
Natürlich werden die Bohnen auch noch auf andere Arten zubereitet. Eine besondere, in ganz Spanien berühmte Spezialität sind „fabes con almejas“, Weiße Bohnen mit Venusmuscheln. Dazu gart man die Bohnen nach dem Einweichen langsam mit Zwiebeln und Knoblauch, Lorbeer, Petersilie und Olivenöl, würzt mit Salz und Safran und belegt das Gericht mit in Weißwein pochierten Venusmuscheln.

KICHERERBSENEINTOPF MIT PAPRIKAWURST

500 g Kichererbsen
200 g gepökelter Bauchspeck
1 große Zwiebel
2 Knoblauchzehen
2 rote Paprikaschoten
200 g Chorizo, spanische Paprikawurst
4 EL kaltgepreßtes Olivenöl
1 kleine Dose geschälte Tomaten
2 EL Tomatenmark
Salz
Pfeffer aus der Mühle
1 Messerspitze Cayennepfeffer

Läßt sich gut vorbereiten
Schwierigkeitsgrad:
1 von 3
Zubereitungszeit:
etwa 45 Min.

Garbanzos con Chorizo

Die Kichererbsen in reichlich kaltem Wasser über Nacht einweichen. Am nächsten Tag die Erbsen abgießen und mit frischem Wasser bedeckt aufkochen, abschäumen und den Speck zwischen die Erbsen legen. Alles zugedeckt 1½ Stunden bei schwacher Hitze kochen, bis die Erbsen weich sind. Die Zwiebel und den Knoblauch schälen und kleinwürfeln. Die Paprikaschoten halbieren, entstielen und entkernen, waschen und in Streifen schneiden. Die Wurst in Scheiben schneiden. Das Olivenöl in einem Topf erhitzen, Zwiebel und Knoblauch darin bei guter Mittelhitze glasig braten. Die Wurst kurz mitbraten. Die Paprikastreifen untermischen und ebenfalls kurz braten. Den Tomatensaft aus der Dose sowie das Tomatenmark unterrühren. Die Tomaten zerkleinern und ebenfalls unterrühren. Alles aufkochen, die Kichererbsen aus dem Sud heben und unter die Tomatenmischung rühren. Etwa ½ Liter Kichererbsensud zufügen und das Gericht weitere 30 Minuten kochen lassen. Den Eintopf mit Salz, Pfeffer und Cayennepfeffer abschmecken.

Getränk: Ein gehaltvoller Rotwein aus dem Anbaugebiet La Mancha.

Wie in allen Mittelmeerländern zählen auch in Spanien Kichererbsen neben anderen Hülsenfrüchten zu den Grundnahrungsmitteln der Alltagsküche. Wahrscheinlich brachte das seereisende und handeltreibende Volk der Phönizier sie in der Antike von Westasien mit nach Spanien. Durch Cervantes, der die Kichererbsen im Don Quijote erwähnt, gelangten sie zu literarischem Ruhm. Im Laufe der Zeit entstanden köstliche regionale Rezepte, in denen Kichererbsen im Einklang mit frischem Gemüse, mit Stockfisch, Fleisch und herzhaften Würsten zubereitet werden. Welch hohen Stellenwert die kleine runde Hülsenfrucht in Spanien einnimmt, zeigt sich an einer Auszeichnung, die Persönlichkeiten aus Kultur und Kunst in Anerkennung ihrer Verdienste alljährlich in Madrid verliehen wird: eine „silberne Kichererbse". Gefeiert wird nach dem Festakt bei einem guten Madrider „cocido", einem Kichererbseneintopf, ähnlich, doch noch gehaltvoller zubereitet als das hier vorgestellte Gericht.

Gemüseeintopf

8 kleine Artischocken oder Artischockenherzen aus der Dose
Saft von 1 Zitrone
2 Möhren
100 g kleine Zwiebeln
2 Knoblauchzehen
400 g kleine, festkochende Kartoffeln
350 g Dicke Bohnen(kerne), tiefgekühlt
350 g grüne Erbsen, tiefgekühlt
100 g Serrano-Schinken
4 EL kaltgepreßtes Olivenöl
Salz
Pfeffer aus der Mühle
½ TL Paprikapulver, edelsüß
3 Stengel frische Minze

Etwas aufwendiger
Schwierigkeitsgrad:
2 von 3
Zubereitungszeit:
etwa 1 Stunde

Menestra de Verduras
Die äußeren harten Blätter der Artischocken großzügig entfernen. Die Stengel abschneiden und die Böden schälen. Die Blattspitzen bis auf die fleischigen Teile mit der Küchenschere abschneiden. Das Heu in der Mitte mit einem Teelöffel auskratzen. Die Artischocken abspülen und in einen Topf mit kaltem Wasser und Zitronensaft legen, damit sie nicht braun werden. Die Artischockenherzen in dem Zitronenwasser 10 Minuten kochen, abtropfen, abkühlen lassen und halbieren. Die Möhren schälen und würfeln. Zwiebeln und Knoblauch schälen, den Knoblauch hacken. Die Kartoffeln schälen und halbieren oder vierteln. Das Tiefkühlgemüse antauen lassen. Den Schinken würfeln. Das Olivenöl in einer großen Pfanne mit hohem Rand mittelstark erhitzen, Zwiebeln und Knoblauch glasig braten. Möhren, Kartoffeln und Schinken unterrühren und 10 Minuten zugedeckt bei sanfter Hitze dünsten, gelegentlich umrühren. Bohnen, Erbsen und die Artischocken unterrühren, Salz, Pfeffer und Paprikapulver darüberstreuen, etwa ⅛ Liter Artischockenwasser zugießen und das Gemüse weitere 10 Minuten zugedeckt dünsten und anschließend abschmecken. Die Minze kalt abspülen und das Gemüse mit den Blättchen garnieren.

Beilage: Zu diesem leichtem Sommeressen helles Landbrot reichen.

Getränk: Trockener Weißwein aus Rioja oder Navarra.

Über eine Fülle frischer Gemüsesorten kann die spanische Hausfrau das ganze Jahr über verfügen. Direkt aus der „huerta“, einem der zahlreichen Gemüseanbaugebiete der Flußtäler und Deltaregionen nahe den Küsten, gelangen sie auf die Märkte. Schon der Frühling überschwemmt die Küchen mit so vielen köstlichen Sorten, zarten Artischocken, Bergen von Dicken Bohnen und jungen Erbsen, daß sich daraus der ergiebige Gemüseeintopf „menestra“ zubereiten läßt. Dieses Gericht wird auch „menestra de Tudela“ genannt, nach der Stadt Tudela im Süden von Navarra, die für ihren weißen Spargel und die fleischigen Artischocken berühmt ist.

RIOJA
1984
RIOJA

Gemüseblechkuchen

Für den Teig:
500 g Mehl
40 g Hefe
½ TL Zucker
200 ml Wasser
100 g Schweineschmalz
1 Ei
100 ml kaltgepreßtes Olivenöl

Für den Belag:
1 kg Mangold
Salz
1 Bund Frühlingszwiebeln
4 Knoblauchzehen
1 TL Rosenpaprika
Pfeffer
100 ml kaltgepreßtes Olivenöl
1 Bund Petersilie
1 rote Paprika

Sardinen-Coca:
8–10 Sardinen
2 EL 100 ml kaltgepreßtes Olivenöl

Salz

Schwierigkeitsgrad:
2 von 3
Zubereitungszeit:
etwa 1½ Stunden

Coca de Verdura

Für den Teig zwei Drittel des Mehles in eine Schüssel geben, Mulde machen und die Hefe mit Zucker und etwas lauwarmem Wasser darin auflösen. Zugedeckt ca. 20 Minuten an einem warmen Ort gehen lassen, bis der Teig die doppelte Höhe erreicht hat.
Für den Belag vom Mangold harte Stiele entfernen, in Streifen schneiden, einsalzen, kurz ziehen lassen und alles Wasser herauspressen. Zwiebeln in feine Streifen schneiden, Knoblauch kleinhacken und mit dem Mangold, Paprika und Pfeffer vermischen. Teig auf dem geölten Backblech ausrollen, Rand formen, mit dem Gemüse belegen, kleingehackte Petersilie und die in kleine Quadrate geschnittene Paprikaschote darauf verteilen. Mit Öl beträufeln und im vorgeheizten Ofen bei 225 °C ca. 30 Minuten backen.

Variante:
Sie können diesen Blechkuchen zur Abwechslung auch mit Sardinen zubereiten. Dazu verteilen Sie die geputzten, eingeölten und gesalzenen Sardinen auf dem nach obenstehendem Rezept zubereiteten Teigboden. Bevor Sie die Sardinen-Coca aus dem Ofen nehmen, sollten Sie diese abschließend kurz übergrillen.

Getränk: Milchkaffee oder ein Glas gekühlter, leichter Weißwein, einen Blanc de blanc von Binissalem.

Nachdem das Brot für den Tag gebacken ist, schiebt man in den Bäckereien der Insel am späten Morgen die Gemüseblechkuchen, die Pizzen Mallorcas, in den Ofen. Außer der „coca de verdura“ und der „coca amb pinxes“ (mit kleinen Fischen) stehen noch die saftigsüße rote „coca de pimientos“ mit Paprikastreifen und Tomatenscheiben sowie die „coca de trempó“, die Salat-Coca, zur Auswahl. Im Herbst veredelt sie eine besondere Delikatesse, aromatische Pilze aus der Reizker-Familie, „esclatasangs“. In rechteckige Stücke aufgeschnitten, liegen die „coces“ in den Auslagen. Als spätes Frühstück ungemein beliebt, gehen sie weg „wie warme Semmeln“.

Aus Kastilien

KARTOFFELOMELETT

750 g halbfest kochende Kartoffeln
2 große Zwiebeln
8 EL kaltgepreßtes Olivenöl
Salz
Pfeffer aus der Mühle
6 mittelgroße Eier

Preiswert
Schwierigkeitsgrad: *2 von 3*
Arbeitszeit: *etwa 45 Min.*

Tortilla de Patatas
Die Kartoffeln schälen, waschen und in dünne Scheiben schneiden. Die Zwiebeln schälen, vierteln und in dünne Streifen schneiden. 4 EL Olivenöl in einer Pfanne von 24–26 cm Durchmesser und mit hohem Rand mittelstark erhitzen. Die Zwiebeln darin glasig dünsten, mit einem Sieblöffel aus der Pfanne nehmen, in ein Schüsselchen geben und beiseite stellen. Restöl in der Pfanne belassen und darin die Kartoffeln bei schwacher Hitze zugedeckt 20–25 Minuten braten, gelegentlich wenden, bis sie sich bei der Garprobe mit dem Pfannenwender mühelos zerdrücken lassen. Sie dürfen beim Braten jedoch nicht braun werden. Die Zwiebeln untermischen. Alles mit Salz und Pfeffer würzen und leicht abkühlen lassen. In einer großen Schüssel die Eier verquirlen, Kartoffeln und Zwiebeln unterheben. 2 EL Olivenöl in der Pfanne mittelstark erhitzen und die Kartoffelmischung darin 6–8 Minuten braten, dabei die Pfanne gelegentlich leicht schütteln. Das Omelett auf einen Deckel oder großen Teller gleiten lassen, umgedreht zurück in die Pfanne geben. Das restliche Öl angießen und die zweite Seite in 6–8 Minuten fertigbraten, bis die Eier auch im Innern fest geworden sind. Das Omelett kurz ruhen lassen, mit frischem Salat servieren.

Tip: In kleine Quadrate geschnitten, wird die Tortilla kalt auch als Tapa gereicht. Zum Aufpicken hölzerne Zahnstocher bereitstellen.

Getränk: Falls als Tapa serviert, trockener Sherry Fino, ansonsten roter spanischer Landwein.

Varianten: Mit Kartoffeln und Zwiebeln kann man zusätzlich 2 rote Paprikaschoten, in Streifen geschnitten und mit den Zwiebeln vorgebraten, und/oder 50 g gewürfelten Serrano-Schinken oder auch Chorizo-Scheibchen mit in die Tortilla geben.

Über dieses Kartoffelgericht erzählt man sich, daß ein kastilischer Bauer es für einen hungrigen König erfunden habe, der eines Abends vor seiner Tür stand. Dieses Ereignis fand vor etwa vierhundert Jahren statt. An der Zubereitung des international als „spanisches Omelett" berühmten Gerichts hat sich seit dieser Zeit nichts geändert.

Eierpfanne mit Gemüse

70 g Serrano-Schinken
4 mittelgroße Zwiebeln
2 Knoblauchzehen
1 rote Paprikaschote
500 g reife Tomaten
50 g Tiefkühl-Erbsen
250 g grüner Spargel (ersatzweise weißer Spargel aus der Dose)
50 g Paprikawurst, vorzugsweise Chorizo
6 EL kaltgepreßtes Olivenöl
1 Prise Cayennepfeffer
Salz
4 große Eier
1 eingelegte rote Paprikaschote aus dem Glas

Raffiniert
Schwierigkeitsgrad:
1 von 3
Zubereitungszeit:
etwa 50 Min.

Huevos a la Flamenca
Den Schinken würfeln. Zwiebeln und Knoblauchzehen schälen und kleinwürfeln. Die Paprikaschote putzen, waschen und würfeln. Die Tomaten häuten, halbieren, Stielansätze, Flüssigkeit und Kerne entfernen. Das Fruchtfleisch würfeln. Die Erbsen antauen lassen. Den Spargel waschen, die harten Enden großzügig abschneiden, die Stangen in Stücke schneiden. 3 EL Olivenöl in der Pfanne mittelstark erhitzen, den Schinken anbraten. Zwiebeln und Knoblauch unterrühren und glasig werden lassen. Tomaten und Paprika zufügen, bei sanfter Hitze 5 Minuten mitdünsten und mit Cayennepfeffer abschmecken. Die Pfanne beiseite stellen. In einer anderen Pfanne in 3 EL Olivenöl den Spargel bei Mittelhitze 5 Minuten unter Rühren dünsten und mit Salz abschmecken. Die Wurst in Scheiben schneiden und zum Gemüse geben. Mit der Rundung einer Suppenkelle 4 Vertiefungen in die Gemüse-Basis drücken und in jede ein aufgeschlagenes Ei gleiten lassen. Erbsen und Spargel dazwischen verteilen. Die Pfanne abdecken und 12–15 Minuten braten. Die eingelegte Paprikaschote in Streifen schneiden und das Gericht damit garnieren, in der Form mit Brot servieren.

Getränk: Trockener Rotwein, ein Jumilla aus dem Weinbaugebiet zwischen Albacete und Murcia.

Durch die Vielfarbigkeit der Gemüse-Zutaten, die an den bunten, wirbelnden Rock einer Flamenco-Tänzerin erinnern, soll das berühmte Eiergericht aus dem Süden Spaniens zu seinem Namen gekommen sein. Weiß, grün und rot sind die Farben, und jede andalusische Hausfrau wird ihr Bestes geben, das Gericht auf die wirkungsvollste, appetitlichste Art anzurichten.

Paprika-Omelett

je 1 große grüne und rote Paprikaschote
2 große Tomaten
1 mittelgroße Zwiebel
2 Knoblauchzehen
100 g Serrano-Schinken in Scheiben
4 EL kaltgepreßtes Olivenöl
8 mittelgroße Eier
Salz
Pfeffer aus der Mühle

Schwierigkeitsgrad:
1 von 3
Zubereitungszeit:
etwa 50 Min.

Piperada
Den Backofen auf 250 °C vorheizen. Die Paprikaschoten kalt abspülen, abtrocknen und auf einem mit Alufolie ausgelegten Blech in Ofenmitte etwa 20 Minuten rösten, bis die Haut blasig und braun wird. Ein Küchentuch in kaltes Wasser tauchen, leicht auswringen, die Schoten damit 5 Minuten bedecken, dann häuten. Stiele und Kerne entfernen und die Schoten in schmale Streifen schneiden. Die Tomaten mit kochendem Wasser übergießen, kalt abschrecken, häuten, halbieren, Kerne und Stiele entfernen und das Fruchtfleisch hacken. Zwiebel und Knoblauch schälen und kleinwürfeln, ebenfalls den Schinken. 2 EL Olivenöl in einer großen Pfanne erhitzen. Zwiebel, Knoblauch und Schinken bei guter Mittelhitze kurz braten. Paprikastreifen und Tomaten zugeben, 10 Minuten mitschmoren, mit Salz und Pfeffer würzen. Das Gemüse in einer Schüssel beiseite stellen. 2 EL Öl in der Pfanne erhitzen. Die Eier verquirlen, mit Salz und Pfeffer würzen und in das Öl gießen. Bei schwacher Hitze 3–4 Minuten stocken lassen, dabei nicht umrühren. Das Gemüse auf den Eiern verteilen, den Deckel aufsetzen und das Gericht in 8–10 Minuten fertig garen. Mit hellem Landbrot servieren.

Getränk: Sidra, Apfelwein, oder Bier.

Tip: Nach Geschmack kann auch gekochter Schinken verwendet werden.

Piperada, das baskische Wort für Paprikaschote, gibt auch dem Gericht seinen Namen. Unzureichend ist die Bezeichnung „Paprika-Omelett“, denn sie wird dieser Köstlichkeit nicht gerecht. Die Basken, als große Feinschmecker bekannt, machen auch aus dieser Speise mit einfachen Zutaten etwas Besonderes. Nicht nur, daß die Schoten zuerst geröstet und gehäutet werden, man dünstet sie noch in Olivenöl zusammen mit anderen Zutaten wie z.B. Schinken, der viel Geschmack gibt. Die aromatische Mischung kommt erst auf die Eier, wenn sie bereits zu stocken beginnen. Das „Omelett“ schmeckt kalt und auch als leckere Füllung für einen „bocadillo“, ein spanisches Baguette-Brötchen.

Aus Valencia

Reispfanne

½ küchenfertiges Hähnchen (600 g) oder 4 Hähnchenkeulen
200 g küchenfertige kleine Kalmare
18 küchenfertige mittelgroße Garnelen
200 g zarte grüne Bohnen, frisch oder tiefgekühlt
8 EL kaltgepreßtes Olivenöl
250 g spanischer Rundkornreis (ersatzweise italienischer Risotto-Reis)
2 Lorbeerblätter
1 Liter schwach gesalzene Hühnerbrühe (Fertigprodukt)
2 Tütchen Safranfäden
Salz, 1 Knoblauchknolle
1 große rote Paprikaschote
150 g junge Erbsen, frisch oder tiefgekühlt
16 geschlossene Venusmuscheln
1 große Fleischtomate
1 unbehandelte Zitrone

Schwierigkeitsgrad:
3 von 3
Zubereitungszeit:
etwa 1 Stunde

Paella
Die Hähnchenhälften oder die Keulen kalt abspülen, mit Küchenkrepp abtrocknen. Die Hähnchenhäften in 5–6 Teile schneiden. Die Kalmare und Garnelen abspülen und abtrocknen. Die Kalmare nach Bedarf halbieren oder in Stücke schneiden. Die Bohnen waschen, putzen und in Stücke schneiden. In einer großen ofenfesten Pfanne, am besten einer Paella-Pfanne, das Öl gut erhitzen. Die Hähnchenteile darin anbraten, abtropfen lassen und beiseite stellen. Nacheinander Kalmare und Garnelen 1 Minute anbraten, aus der Pfanne nehmen. Den Herd auf Mittelhitze schalten. Bohnen und Lorbeer kurz im verbliebenen Fett braten. Den Reis untermischen und ungegart kurz anbraten. Die Hähnchenteile dazwischen legen und die Hälfte der Brühe unterrühren, alles aufkochen. Safran mit wenig Brühe einweichen und unter den Reis mischen. Die Knoblauchknolle abspülen und in die Mitte der Pfanne setzen. Alles 15 Minuten kochen lassen. Gelegentlich umrühren und Brühe nachgießen, so wie der Reis sie aufnimmt. Die Paprikaschote vierteln, putzen, abspülen und in Streifen schneiden. Paprika und Erbsen unter den Reis mischen und weitere 10 Minuten garen. Den Reis mit Salz abschmecken. Kalmare und Garnelen unterheben. Die Muscheln gründlich waschen, auf dem Reis verteilen. Die Tomate häuten, das Fruchtfleisch in Streifen schneiden und die Paella damit hübsch belegen. Die Pfanne mit Alufolie abgedeckt 15 Minuten weiter garen, bis sich die Muscheln geöffnet haben. Alufolie abnehmen und die Paella noch 5 Minuten ausdampfen lassen. Die Zitrone waschen, achteln und die Paella damit garnieren.

Getränk: Trockener Rotwein aus der Region Valencia, ein Jumilla.

Spanien verehrt drei Nationalgrößen, heißt es, den Torero, den Flamenco und eine „Sie“, die schönste der drei: die Paella. Das ursprünglich einfache Reisgericht gedieh mit der Zeit immer üppiger: Tomatenwürfel, Schweinefilet-Scheiben, Kotelettstücke, Kaninchenteile und Würste finden sich nicht selten in einer Paella. Das führte dazu, daß Puristen, die nur bestimmte Zutaten akzeptieren, die Paella sogar zum Gegenstand einer Parlamentsdebatte machten.

Aceite de
Oliva

Mangold auf katalanische Art

100 g Malaga-Rosinen, entkernt
1,5 kg Mangold
3 Knoblauchzehen
3 EL kaltgepreßtes Olivenöl
50 g Pinienkerne
Salz
Pfeffer aus der Mühle
2 EL Zitronensaft

Schwierigkeitsgrad:
1 von 3
Zubereitungszeit:
etwa 45 Min.

Acelgas a la Catalana
Die Rosinen mit warmem Wasser bedecken und einweichen. Vom Mangold den Wurzelansatz abschneiden und die Stiele abtrennen. Die Fasern der Stengel abziehen. Das Gemüse gründlich waschen, die Stengel längs halbieren und in Streifchen schneiden, die Blätter grob hacken. Den Mangold, knapp mit Wasser bedeckt, aufkochen, bei sanfter Hitze in 15–20 Minuten weich dünsten und abtropfen lassen. Den Knoblauch schälen und hacken. Das Öl in der Kasserolle mittelstark erhitzen, Knoblauch und Pinienkerne dünsten, bis der Knoblauch glasig wird. Die Rosinen abgießen und zufügen, kurz mitdünsten, dann den Mangold unterrühren. Das Gemüse mit Salz und Pfeffer würzen und noch 4–5 Minuten zugedeckt dünsten. Das Gemüse mit Zitronensaft abschmecken.

Beilage: Nach Geschmack kann das Gericht noch mit gehacktem gekochten Schinken angereichert werden.

Getränk: Ein trockener Weißwein aus dem Anbaugebiet Penedés.

Tip: Nach gleichem Rezept kann auch Spinat zubereitet werden. Das Gemüse kann man als Extragang innerhalb eines Menüs oder als Beilage zu gegrilltem oder gebratenem Geflügel servieren.

Süße und salzige Kontraste zählen zu den Besonderheiten der katalanischen Küche. Vor allem die Verwendung von süßen Malaga-Rosinen und Pinienkernen findet man häufig bei Gemüsegerichten, wie bei dem gedünsteten Mangold oder auch bei Spinat. Sie kommen vor allem an traditionellen Fastentagen, wie am Karfreitag, auf den Tisch. Dann bildet Spinat mit Rosinen und Pinienkernen auch die Füllung von leckeren Teigtaschen und pikanten Törtchen.

L-6112
ES TORRES
EMBOTELLADO EN LA PR
1995
ORRE

Von den Kanarischen Inseln

Runzelkartoffeln mit Mojo-Saucen

RUNZELKARTOFFELN
1 kg kleine, festkochende Kartoffeln, 3 EL Meersalz

ROTER MOJO
(mojo picón)
4 Knoblauchzehen
2 getrocknete scharfe, rote Pfefferschoten
2 TL Paprikapulver, edelsüß
¼ TL Kreuzkümmel, gemahlen, Salz
2 Scheiben Toastbrot ohne Rinde
100 ml kaltgepreßtes Olivenöl
4–5 EL Rotweinessig

KORIANDER-MOJO
(mojo de cilantro)
4 Knoblauchzehen
2 milde rote oder grüne Pfefferschoten
1 getrocknete scharfe, rote Pfefferschote
2 TL Paprikapulver, edelsüß
¼ TL Kreuzkümmel, gemahlen
je 2 Zweige frischer Koriander und Petersilie
Salz, 2 Scheiben Toastbrot, entrindet
100 ml kaltgepreßtes Olivenöl
4–5 EL Rotweinessig

Schwierigkeitsgrad:
1 von 3
Zubereitungszeit:
etwa 1 Stunde

Papas Arrugadas con Mojo
Die Kartoffeln gründlich waschen und in einen Topf geben. Bis zur Hälfte Wasser zugießen und mit dem Salz bestreuen. Die Kartoffeln aufkochen, zwischen Topf und Deckel ein gefaltetes Küchentuch legen. Die Kartoffeln bei starker Hitze kochen, bis sie gar sind und das Wasser verdampft ist. Wer aufpaßt, kann dann das Salz am Topfboden knistern hören. Diese Kartoffeln, mit einer feinen Salzkruste überzogen, werden mit der Schale verzehrt. Man halbiert sie und beträufelt sie mit etwas *mojo*.

Mojo Picón
Den Knoblauch schälen und hacken. Die Pfefferschoten, der Schärfe wegen mit Küchenhandschuhen, von Stielen und Kernen befreien, in Stückchen schneiden. Beide Zutaten mit den Gewürzen, den Kräutern und ½ TL Salz im Mörser fein zerstoßen. Das Brot in Wasser einweichen, ausdrücken, zerkleinern und mit der Gewürzmischung in ein Schüsselchen geben. Alles gut vermischen, nach und nach Öl und Essig unterrühren, mit 2–3 EL Wasser strecken.

Mojo de Cilantro
Wie bei *mojo picón* die Zutaten in den Mörser geben, Koriander- und Petersilienblättchen hacken und zufügen, alles fein zerreiben. Das eingeweichte, ausgedrückte und zerkleinerte Brot untermischen, Öl und Essig unterrühren, mit wenig Wasser strecken.

Getränk: Trockener Weißwein von Lanzarote.

Info: Diese Saucen werden, mit oder ohne Kartoffeln, auch zu gekochtem oder gegrilltem Fisch oder Fleisch gereicht.

Die kalten, pikanten Mojo-Saucen zählen zu den besonderen Spezialitäten der Kanarischen Inseln. Es gibt sie in vielen Variationen, und wer sich länger auf den Inseln aufhält, kann an die zwanzig verschiedene kennenlernen, mild und scharf, mit zerstoßenen Mandeln oder geriebenem Käse, Zwiebeln oder Tomaten. Für die Zubereitung wird ein bauchiges, unglasiertes Tongefäß mit breitem Ausguß verwendet, das die Inseltöpfer herstellen. Eine Mojo-Sauce wird auch gerne mit „gofio“ serviert, einem festen Brei aus verschiedenen gerösteten Getreidesorten.

Aus La Mancha
Aus Katalonien

Gemüse aus der Pfanne
Geröstetes Gemüse

GEMÜSE AUS DER PFANNE
1 große Gemüse-Zwiebel, 200 g
750 g grüne Paprikaschoten
1 große rote Paprikaschote
750 g Tomaten
750 g Zucchini
6 EL kaltgepreßtes Olivenöl
Salz
½ TL Zucker
Pfeffer aus der Mühle
3 hartgekochte Eier, Größe M

Schwierigkeitsgrad:
1 von 3
Zubereitungszeit:
etwa 30 Min.

GERÖSTETES GEMÜSE
2 Auberginen
2 rote Paprikaschoten
2 mittelgroße Zwiebeln
2 Fleischtomaten
6 EL kaltgepreßtes Olivenöl
3 EL Zitronensaft
Salz

Schwierigkeitsgrad:
1 von 3
Zubereitungszeit:
etwa 40 Min.

GEMÜSE AUS DER PFANNE
Pisto Manchego
Die Zwiebel schälen und würfeln. Die Paprikaschoten waschen, halbieren, Stiele und Kerne entfernen. Die Schoten in Stücke schneiden. Die Tomaten häuten, halbieren, Stielansätze und Kerne entfernen. Die Zucchini schälen und in dicke Scheiben schneiden. Das Öl in einer großen Pfanne mittelstark erhitzen. Die Zwiebel goldgelb braten. Paprikaschoten zugeben und zugedeckt in 5–6 Minuten halbweich schmoren. Die Tomaten zwischen die Schotenstücke legen, offen weiterschmoren, bis sie fast zerfallen, 2–3 EL Wasser unterrühren, damit das Gericht nicht ansetzt. Zucchini unterrühren und mitdünsten, bis sie gelblich werden. Das Gericht mit Salz, Zucker und Pfeffer abschmecken, mit den Eiern garnieren.

Getränk: Ein trockener Roséwein aus La Mancha oder von der Costa Brava.

Pisto manchego serviert man gerne als Appetitanreger oder als Beilage zu gebratenem oder gegrilltem Fleisch. Gibt man dem Gericht etwas Schinken oder gebratenen Speck bei und bereitet dazu noch Rühreier, dann wird daraus eine komplette, sättigende Mahlzeit.

GERÖSTETES GEMÜSE
Escalivada
Den Backofen auf 200°C vorheizen. Auberginen und Paprikaschoten abspülen, halbieren, von den Stielansätzen befreien, Paprika entkernen. Das Gemüse in große Würfel bzw. Quadrate schneiden. Die Zwiebel schälen und quer halbieren. Ein Backblech mit 2 EL Öl einpinseln. Das Gemüse, außer den Tomaten, darauf legen und 30 Minuten in Ofenmitte backen, zwischendurch wenden. Die Tomaten dazulegen und weitere 15 Minuten backen. Das Gemüse auf einer Platte anrichten. Restliches Öl mit Zitronensaft und Salz verrühren und über das Gemüse träufeln, warm servieren.

Tip: Die Gemüsespezialitäten mit Thunfisch aus der Dose anrichten.

Variante: Auch *escalivada* läßt sich nur schwer auf eine Rezeptur festlegen. Eine schmackhafte Variante ist die Zubereitung mit neuen Kartoffeln, die 15 Minuten auf dem Blech vorgegart werden, ehe das andere Gemüse folgt.

Aus Aragonien und Navarra

Blumenkohl
Überbackener Spargel

BLUMENKOHL AUF MAULTIERTREIBERART
1 mittelgroßer Blumenkohl
5 EL kaltgepreßtes Olivenöl
4 Knoblauchzehen
1 TL Paprikapulver, edelsüß
Salz
2 EL Sherryessig
2 EL gehackte Petersilie

Schwierigkeitsgrad:
1 von 3
Zubereitungszeit:
etwa 40 Min.

ÜBERBACKENER SPARGEL
1 kg grüner oder weißer Spargel
Salz
1 TL Zucker
20 g Butter
160 g dünn aufgeschnittener Serrano-Schinken
200 g junger Manchego-Käse
weißer Pfeffer aus der Mühle
½ Bund Schnittlauch

Für Gäste
Schwierigkeitsgrad:
1 von 3
Zubereitungszeit:
etwa 40 Min.

BLUMENKOHL AUF MAULTIERTREIBERART
Coliflor al Ajoarriero
Den Blumenkohl in Röschen zerteilen, waschen, das Wasser gründlich abschütteln. Die Röschen zwischen Küchenpapier trocknen. Das Öl in einer großen Pfanne stark erhitzen. Die Röschen darin 7 Minuten anbraten, dabei ständig wenden. Den Knoblauch schälen, grob hacken, zum Blumenkohl geben und kurz mitbraten. Paprikapulver und 1 knappen TL Salz darüberstreuen, Essig und 100 ml Wasser unterrühren. Den Blumenkohl bedeckt bei sanfter Hitze 20–30 Minuten dünsten, er soll noch Biß haben. Nach Bedarf noch etwas Wasser zugeben. Mit Petersilie bestreut servieren.

ÜBERBACKENER SPARGEL
Esparragos Gratinados
Den Spargel kalt abspülen, holzige Enden abschneiden. Spargel in reichlich kochendem Wasser mit 1 TL Salz und Zucker 10–15 Minuten kochen, abtropfen lassen. Den Backofen auf 200 °C vorheizen. Eine Gratinform mit Butter einreiben. Den Spargel hineinlegen, mit den Schinkenscheiben so abdecken, daß Enden und Spitzen herausragen. Den Käse grob raspeln und überstreuen, mit Pfeffer würzen. Den Spargel in Ofenmitte backen, bis der Käse geschmolzen ist. Mit Schnittlauchröllchen bestreuen.

Spargel zählt auch in Spanien zu den am meisten geschätzten Gemüsedelikatessen. Ob grün oder weiß, am häufigsten genießt man die gekochten Stangen kalt mit Mayonnaise oder mit Serrano-Schinken als Vorspeise oder Tapa. Mit dem Anbau dieses Gemüses begannen die Araber bereits im 8. Jahrhundert. Und schon früh kamen die schlanken Stangen nach Navarra. Hier erstrecken sich heute weite Spargelfelder auf den fruchtbaren, schlammhaltigen Böden an den Ufern des Ebro. Etwa 130 Ortschaften konzentrieren sich auf den Anbau des dicken, besonders aromatischen weißen Spargels, der auch als Konserve in Dosen oder Gläsern exportiert wird. Spargel wird außerdem im Süden Spaniens, in Andalusien und in der Extremadura angebaut. Der dünnere grüne Spargel, auch „triguero“ genannt, ist in ganz Spanien verbreitet. Diese würzige, mit dem wilden Spargel verwandte Art schmeckt gratiniert besonders köstlich.

Aus Murcia

Weisse Bohnen mit Zucchini

300 g weiße Bohnen
1 mittelgroße Zwiebel
2 Knoblauchzehen
10 schwarze Pfefferkörner
1 Lorbeeerblatt
1 mittelgroßer Zucchino
2 EL Butter
50 g Kapern und etwas Kapernflüssigkeit
150 Thunfisch aus der Dose
1 kleine Zwiebel
½ Eisbergsalat
1 Bund glatte Petersilie
5 EL kaltgepreßtes Olivenöl
Salz
schwarzer Pfeffer aus der Mühle
1–2 EL Zitronensaft

Schwierigkeitsgrad:
2 von 3
Zubereitungszeit:
etwa 40 Min.

Judías Blancas con Calabacín

Die Bohnen über Nacht in reichlich kaltem Wasser einweichen und abgießen. Zwiebel und Knoblauch schälen und halbieren. Bohnen, Zwiebel, Knoblauch, Pfefferkörner und das Lorbeerblatt in einen Topf geben und, knapp mit Wasser bedeckt, etwa 1 Stunde sanft kochen, bis die Bohnen weich sind. Die Bohnen im Sud abkühlen lassen und abgießen. Zwiebel- und Knoblauchstücke, Lorbeerblatt und Pfefferkörner entfernen. Den Zucchino waschen, Blüten- und Stielansatz abschneiden und das Gemüse in dünne Scheiben schneiden. Die Butter in einer großen Pfanne zerlassen und die Zucchino-Scheiben darin sanft dünsten, bis sie glasig sind. Die Pfanne vom Herd nehmen. Kapern und 2 EL Kapernflüssigkeit unterrühren. Den Thunfisch abtropfen lassen und zerpflücken. Die Zwiebel schälen und kleinwürfeln. Den Salat waschen und in Streifen schneiden. Die Petersilie waschen, die Blättchen hacken. Diese Zutaten und die Bohnen in der Pfanne vorsichtig mischen. Mit Olivenöl, Salz, Pfeffer und Zitronensaft abschmecken und lauwarm servieren.

Getränk: Ein trockener, frischer Weißwein aus der Region Valdepeñas.

Wenn es um Hülsenfrüchte geht, sind die spanischen Hausfrauen besonders wählerisch. Sie kennen sich aus, denn die getrockneten Erbsen, Linsen oder Bohnen bildeten über Jahrhunderte ein Grundnahrungsmittel der ländlichen Bevölkerung. Besonders gefragt sind die weißen Bohnen aus der Provinz Léon und der Anbauzone La Bañeza. Dank der klimatischen und geographischen Bedingungen zwischen Kantabrischem Gebirge und dem Rio Duero sind die Bohnen dieses Gebietes ausgezeichnet im Geschmack und haben einen hohen Gehalt an wertvollen Proteinen. Heute werden Hülsenfrüchte auch gerne mit frischem Gemüse kombiniert, wobei köstliche Gerichte zustande kommen, wie das nebenstehende Rezept beweist.

Aus Andalusien

Möhrensalat Dicke Bohnen

MÖHRENSALAT
500 g junge Möhren
2 Knoblauchzehen
3 EL Weißweinessig
4 EL kaltgepreßtes Olivenöl
Salz
Pfeffer aus der Mühle
1 Messerspitze gemahlener Kreuzkümmel
½ TL Paprikapulver, edelsüß
2 Zweige frische Minze
2 EL Pinienkerne (nach Geschmack)

Preiswert
Schwierigkeitsgrad:
1 von 3
Zubereitungszeit:
etwa 30 Min.

DICKE BOHNEN MIT BLUTWURST
2 mittelgroße Zwiebeln
200 g geräucherter Speck
200 g luftgetrocknete Blutwurst, vorzugsweise Morcilla
600 g gepulte frische Dicke Bohnen
Salz
Pfeffer aus der Mühle
3–4 Zweige frische Minze

Herzhaft
Schwierigkeitsgrad:
2 von 3
Zubereitungszeit:
etwa 25 Min.

MÖHRENSALAT
Ensalada de Zanahoria
Die Möhren schälen, die Stielansätze abschneiden. Die Möhren mit Wasser bedeckt 15 Minuten bei Mittelhitze garen und in einem Sieb abtropfen lassen. Den Knoblauch schälen, kleinwürfeln und in eine Schüssel geben. Essig, Öl, Salz, Pfeffer, Kreuzkümmel und Paprikapulver zufügen und alles zu einer Sauce verrühren. Die Minze waschen, die Blättchen abzupfen. Einige zum Garnieren beiseite legen. Die übrigen hacken und unter die Sauce mischen. Die Möhren in Scheiben schneiden und in der Marinade wenden. Den Salat etwa 1 Stunde durchziehen lassen, erneut abschmecken und mit den Minzeblättchen garnieren. Nach Geschmack mit 2 EL in der Pfanne gerösteten Pinienkernen überstreuen.

Tip: Zu gegrilltem Fleisch oder Geflügel servieren – oder als Tapa.

DICKE BOHNEN MIT BLUTWURST
Habas a la Catalana
Die Zwiebeln schälen und würfeln. Fett und mageren Teil des Specks getrennt würfeln. Die Blutwurst in Scheiben schneiden. In einer Kasserolle bei mittlerer Hitze das Speckfett auslassen. Zwiebeln zufügen und glasig braten. Bohnen, mageren Speck und Blutwurst zugeben und kurz mitbraten. ¼ Liter heißes Wasser unterrühren, das Gemüse 10 Minuten zugedeckt dünsten, mit Salz und Pfeffer abschmecken. Die Minze waschen, die Hälfte der Blättchen hacken und unterrühren. Mit der restlichen Minze das Gericht garnieren.

Habas a la Catalana sind ein Frühlingsgericht besonderer Art. Dazu werden nur ganz junge, zarte Bohnenkerne verwendet. Beigaben wie Zwiebeln und Minze mildern den herben Bohnengeschmack. Zum würzigen Aroma des Gerichtes trägt vor allem auch „morcilla“ bei, die mit Anis und Nelke gewürzte Blutwurst, doch gibt es regionale Unterschiede bei den Zutaten für die dunkelroten, luftgetrockneten Würstchen, die vor allem im Norden Spaniens verbreitet sind.

Fisch und Meeresfrüchte

Aus Asturien

Seebarsch in Apfelwein

1 kg küchenfertiger Seebarsch in Scheiben, ersatzweise Kabeljau
1 mittelgroße Zwiebel
2 Knoblauchzehen
250 g Tomaten
1 Bund glatte Petersilie
8 EL kaltgepreßtes Olivenöl
¼ Liter herber oder halbtrockener Apfelwein
Salz
Pfeffer aus der Mühle
12 geschlossene Miesmuscheln oder 8 mittelgroße, küchenfertige Tiefseegarnelen
2 EL Mehl

Für Gäste
Schwierigkeitsgrad:
3 von 3
Zubereitungszeit:
etwa 40 Min.

Lubina a la Sidra
Die Fischscheiben kalt abspülen und trockentupfen. Zwiebeln und Knoblauch schälen und kleinwürfeln. Die Tomaten mit kochendheißem Wasser übergießen, kalt abschrecken, häuten, Stielansätze entfernen. Die Tomaten würfeln. Die Petersilie waschen, die Blättchen hacken. 4 EL Olivenöl in der Pfanne mittelstark erhitzen. Zwiebeln und Knoblauch darin glasig braten. Tomaten und die Hälfte der Petersilie unterrühren und alles 5 Minuten dünsten. Den Apfelwein zugießen und alles bei sanfter Hitze 3 Minuten köcheln, mit Salz und Pfeffer abschmecken und beiseite stellen. Den Fisch leicht salzen und in Mehl wenden. Überschüssiges Mehl abschütteln. In einer zweiten Pfanne das restliche Olivenöl gut erhitzen und den Fisch von beiden Seiten goldbraun braten. Die Sauce darüber verteilen. Die Muscheln oder Garnelen kalt abspülen, abtropfen lassen, zum Fisch legen und bei sanfter Hitze zugedeckt 8 Minuten schmoren. Noch geschlossene Muscheln wegwerfen. Das Gericht mit der restlichen Petersilie bestreuen. Mit Brot servieren.

Getränk: Sidra (herber asturischer Apfelwein) oder französischer Cidre.

Das Traditionsgetränk Asturiens, die „sidra“, verleiht auch vielen bodenständigen Gerichten Charakter. Nicht nur Würste werden darin gegart, sondern auch Fisch, vorzugsweise Seebarsch, der durch das prickelnde, fruchtige Getränk seine besondere Note erhält. Sidra wird in einer „chigre“ ausgeschenkt, das ist eine Bar, in der vor allem Apfelwein getrunken wird. Diese Anlaufpunkte sind überall zu finden, in größerer Zahl in der Landesmitte, im Umkreis der Plantagen und Apfelweinproduzenten. Hier können meist bis zu drei Sorten probiert werden, die aus verschiedenen Weinkellern stammen. Daher verwundert es nicht, wenn Apfelweinfans von Bar zu Bar ziehen, auf der Suche nach ihrem Lieblingswein.

Aus Tarragona

Fisch in Romesco-Sauce

4 etwa 3 cm dicke Scheiben Seeteufel, Kabeljau oder Seehecht
3 EL Mehl
8 EL kaltgepreßtes Olivenöl
1 getrocknete Ñora- oder Romesco-Paprikaschote, ersatzweise 1 frische rote Paprika
1 getrocknete Pfefferschote
8 Knoblauchzehen
1 Scheibe weißes Landbrot
12 geschälte Mandeln
12 geschälte Haselnüsse
4 EL gehackte Petersilie
¼ Liter trockener Weißwein
⅜ Liter Fischbrühe (Fertigprodukt) oder ¼ Liter Fischfond, mit ⅛ Liter heißem Wasser verdünnt
Salz
Pfeffer aus der Mühle
8 küchenfertige Garnelen
8 geschlossene Miesmuscheln

Raffiniert
Schwierigkeitsgrad:
2 von 3
Zubereitungszeit:
etwa 45 Min.

Pescado con Salsa Romesco
Die Fischscheiben abspülen, trockentupfen und leicht in Mehl wenden. 5 EL Öl in einer Pfanne erhitzen. Den Fisch von beiden Seiten kurz darin anbraten. Nora- oder Romesco-Paprikaschote und Pfefferschote in Wasser einweichen. Fleisch der Paprikaschote von der Haut abreiben, in einer kleinen Schüssel auffangen. Pfefferschote sehr klein hacken. Den Knoblauch schälen. Das Brot in einer 2. Pfanne in 2 EL Öl beidseitig braten, aus der Pfanne nehmen und würfeln. Pfeffer und Paprikaschote zusammen mit der Hälfte des Knoblauchs in der Pfanne im verbliebenen Öl anbraten, herausnehmen und in den Blitzhacker geben. Das Brot hinzufügen und alles zerkleinern, dabei nach und nach Mandeln, Nüsse, den übrigen Knoblauch, 2 EL Petersilie und einige EL Wein zufügen, bis eine feine, pastenartige Masse entstanden ist. Diese in 1 EL Öl in der Pfanne unter Rühren 1 Minute sanft dünsten. Den übrigen Wein und die Fischbrühe unter die Sauce rühren, 5 Minuten sanft köcheln lassen, mit Salz und Pfeffer abschmecken. Die Sauce auf dem Fisch verteilen. Garnelen und Muscheln waschen und auf dem Gericht drapieren. Den Deckel auf die Pfanne setzen und das Gericht noch 8–10 Minuten bei sanfter Hitze fertig garen, bis sich die Muscheln geöffnet haben.

Getränk: Ein körperreicher Rotwein aus dem Anbaugebiet Tarragona.

Romesco ist eine typische Sauce der Küche aus Tarragona. Ihren Namen bezieht sie von einer ihrer wichtigsten Würzzutaten, der kleinen, rundlichen roten Paprikaschote, die „ñora“ oder „romesco“ heißt und süßlich und sehr aromatisch schmeckt. Auch Fischgerichte, die mit dieser Sauce zubereitet sind, tragen den Zusatz „romesco“ im Namen.

Thunfisch-Kartoffel-Kasserolle

1 große Zwiebel
3 Knoblauchzehen
je 1 große rote und grüne Paprikaschote
500 g Tomaten
500 g festkochende Kartoffeln
4 EL kaltgepreßtes Olivenöl
1 EL Paprikapulver, edelsüß
Salz
Pfeffer aus der Mühle
¼ Liter trockener Weißwein
500 g frischer Thunfisch
2 EL Zitronensaft

Schwierigkeitsgrad:
1 von 3
Zubereitungszeit:
ca. 1 Stunde

Marmitako

Zwiebel und Knoblauch schälen und kleinwürfeln. Die Paprikaschoten halbieren, entstielen und entkernen, waschen und in schmale Streifen schneiden. Die Tomaten überbrühen, häuten, die Stielansätze entfernen und das Fruchtfleisch würfeln. Die Kartoffeln schälen und würfeln. Das Olivenöl in einer Kasserolle mittelstark erhitzen, Zwiebel und Knoblauch darin glasig dünsten. Paprikaschoten und Tomaten dazugeben und unter Rühren 5 Minuten mitdünsten. Dann die Kartoffeln und das Paprikapulver unterrühren, mit Salz und Pfeffer würzen. Den Wein zugießen und alles 25 Minuten zugedeckt dünsten. Den Thunfisch kalt abspülen, trockentupfen und in Würfel schneiden, mit Zitronensaft beträufeln und 10 Minuten ruhen lassen. Dann den Fisch unter das Gemüse in der Kasserolle mischen und bei sanfter Hitze 10 Minuten mitdünsten. Das Gericht mit Salz und Pfeffer abschmecken.

Beilage: geröstete Brotscheiben. Manchmal serviert man das Gericht auch mit gerösteten Brotwürfeln bestreut.

Getränk: Trockener Weißwein aus dem Baskenland oder aus Navarra.

Wie man sich erzählt, sollen baskische Fischer den Eintopf erfunden haben, als sie den frischen Fang mit dem von zu Hause mitgebrachten Proviant in ihrer Kombüse auf hoher See in der „marmita", dem großen Eisentopf, zusammenbrachten. Häufig steht dieses Gericht im Mittelpunkt der traditionellen Kochwettbewerbe der baskischen Männer, die meist im Sommer abgehalten werden. Dann ist auch der Bonito, ein vor allem für dieses Gericht hochbegehrter kleinerer Thunfischverwandter, in kulinarischer Hochform. Spötter behaupten, daß die Anzahl der kursierenden Marmitako-Rezepte in etwa der Anzahl der experimentierenden Köche entspricht.

Aus Navarra
Aus Navarra und Katalonien

Forelle mit Schinken
Seehecht mit Kapern

FORELLE MIT SCHINKEN
4 küchenfertige Forellen, je 350 g
Salz
Pfeffer aus der Mühle
100 g dünn aufgeschnittener Serrano-Schinken
1 kleines Bund glatte Petersilie
3 EL Mehl
8 EL kaltgepreßtes Olivenöl
1 Zitrone

Schwierigkeitsgrad:
1 von 3
Zubereitungszeit:
etwa 20 Min.

SEEHECHT MIT KAPERN
1 Knoblauchknolle
4 küchenfertige Scheiben Seehecht, je 200 g
Salz
Pfeffer aus der Mühle
2 EL kaltgepreßtes Olivenöl
200 ml trockener Weißwein
1 mittelgroße Zwiebel
100 g geschälte Mandeln
60 g Kapern

Raffiniert
Schwierigkeitsgrad:
2 von 3
Zubereitungszeit:
45 Min.

FORELLE MIT SCHINKEN
Trucha a la Navarra
Die Forellen innen und außen kalt abspülen, mit Küchenkrepp trockentupfen. Die Fische innen und außen mit Salz und Pfeffer bestreuen. Die Schinkenscheiben in die Bauchöffnungen legen. Die Petersilie abspülen, trockenschütteln, in jede Forelle 1–2 Stengel geben. Die Fische mit Zahnstochern schließen und in Mehl wälzen. Das Olivenöl in der Pfanne erhitzen. Die Forellen von jeder Seite 4–5 Minuten braten, mit Zitronenachteln garniert servieren.

Getränk: Trockener Weißwein aus Navarra oder ein sehr trockener Cava.

SEEHECHT MIT KAPERN
Merluza en Salsa de Alcaparras
Backofen auf 180 °C vorheizen. Die Knoblauchknolle darin 15–20 Minuten rösten. Den Fisch kalt abspülen, trockentupfen, mit Salz und Pfeffer bestreuen. Eine große Form einölen. Die Fischscheiben nebeneinander hineinlegen. Den Wein dazugießen. Die Form verschließen. Den Fisch in Ofenmitte 20 Minuten garen. Die Zwiebel schälen und achteln. Die Mandeln in der Pfanne ohne Fett goldgelb rösten. Den Knoblauch schälen oder zerdrücken und mit den Mandeln, der Zwiebel und 40 g Kapern im Blitzhacker fein zerkleinern. Den Fisch aus dem Sud heben, warm stellen. Den Sud aufkochen, die Mandelpaste einrühren, erhitzen, mit Salz und Pfeffer abschmecken und den Fisch damit überziehen. Restliche Kapern aufstreuen.

Getränk: Trockener Weißwein aus dem Gebiet Penedés.

Die Kapernpflanze brachten die Mauren aus Nordafrika mit nach Spanien. Die kleinen zarten Blütenknospen, „alcaparras“, werden in Andalusien und Murcia zwischen Mai und August geerntet und nach sechs verschiedenen Größen geordnet. Die frisch gepflückten Kapern werden zuerst 2 Monate in eine Salzlösung, dann in Essig eingelegt. Zu Tapas, zu Schinken, Käse und Salaten genießt man auch gerne die in Essig eingelegten Kapernbeeren, „alcaparrones“. Man nimmt sie beim Stengel und beißt die ovale, grüne, knackige Frucht ab, die ebenfalls sehr aromatisch schmeckt.

Aus Nordspanien

Tintenfisch in seiner Tinte

1 kg möglichst küchenfertige kleine Kalmare
1 große Zwiebel
2 Knoblauchzehen
1 Bund glatte Petersilie
4 EL kaltgepreßtes Olivenöl
1 getrocknete Chilischote
1 Lorbeerblatt
1 Prise Muskat
1 Beutelchen Tintenfischtinte (ev. beim Fischhändler vorbestellen)
1 EL Mehl
Salz
1 EL Zitronensaft
½ TL abgeriebene Schale von einer unbehandelten Zitrone

Raffiniert
Schwierigkeitsgrad:
2 von 3
Zubereitungszeit:
etwa 45 Min.

Calamares en su Tinta

Die Tintenfische kalt abspülen. Die Kopfteile von den Beuteln lösen, oberhalb der Augen die Fangarme abschneiden (falls nicht schon vom Fischhändler erfolgt), Kopf und Innereien wegwerfen. Fangarme und Säckchen ab- und ausspülen, die Häutchen abziehen. Den Teil mit den Fangarmen vierteln, das Säckchen in Ringe schneiden. Zwiebel und Knoblauch schälen, Petersilie waschen und alles fein hacken. Das Olivenöl mittelstark erhitzen, Zwiebel, Knoblauch und Petersilie andünsten. Tintenfische, Chilischote, Lorbeer und Muskat zufügen, zugedeckt 10 Minuten sanft schmoren. Die Tinte durch ein Sieb in ein Schüsselchen geben. Mehl mit ¼ Liter Wasser glattrühren, mit der Tinte vermischen. Alles unter die Tintenfische rühren und dabei aufkochen. 10 Minuten sanft kochen lassen, mit Salz, Zitronensaft und Zitronenschale abschmecken.

Beilage: frisches Weißbrot.

Getränk: Ein trockener Roséwein aus der Rioja oder aus dem Gebiet Tarragona.

Variante: Manchmal wird dieses Gericht auch ohne Knoblauch zubereitet und die Sauce zum Schluß mit einem Schuß Weißwein verfeinert und mit 1 Eigelb gebunden.

Wer das erstemal Tintenfisch in der eigenen Tinte seviert bekommt, wird vielleicht ein wenig zögern. Nicht allzu oft wird man mit einem Gericht von fast pechschwarzer Farbe konfrontiert. Doch wer mutig probiert, wird überrascht vom mild-würzigen Geschmack der cremigen Sauce, in der sich die Tintenfischstücke verstecken. „Chipirones", ganz kleine Tintenfische, bereiten die Basken besonders gerne „en su tinta" zu, serviert in kleinen, braunen Tonschüsselchen. Da bei uns sehr selten Tintenfische mit intaktem Tintensäckchen zu finden sind – die schwarze Flüssigkeit muß frisch entnommen werden –, behelfen wir uns mit in kleinen Kunststofftütchen eingeschweißter Tinte. Manche Fischhändler haben sie vorrätig oder können sie auf Bestellung besorgen.

Rioja
ORIGEN CALIFICADA
75 cl.
1996
ULECIA, S.A.
ESPAÑA
IN SPAIN

Stockfisch auf Biskaya-Art

700 g Stockfisch, möglichst aus dem dickeren Teil
500 g Zwiebeln
4 Knoblauchzehen
1 Bund glatte Petersilie
50 g Schweineschmalz
500 g längliche, rote Paprikaschoten
Salz
Pfeffer aus der Mühle
1–2 getrocknete Chilischoten

Herzhaft
Schwierigkeitsgrad:
3 von 3
Zubereitungszeit:
ca. 1 Stunde

Bacalao a la Vizcaína

Den Stockfisch in 6 x 8 cm große Stücke schneiden und 24 Stunden wässern, dabei viermal das Wasser wechseln. Die Zwiebeln schälen und fein hacken. Den Knoblauch schälen. Die Petersilie waschen, die Blättchen hacken. Das Schmalz in einer Kasserolle mittelstark erhitzen, Zwiebeln hineingeben, den Knoblauch durchpressen und zusammen mit der Petersilie unterrühren. Diese Mischung zugedeckt bei schwacher Hitze 1 Stunde dünsten, gelegentlich umrühren und 1–2 EL Wasser zugeben, damit die Zwiebeln nicht braun werden. Den Backofen auf 220 °C vorheizen. Die Paprikaschoten waschen, halbieren, auf dem Blech in Ofenmitte 20 Minuten rösten, kalt abschrecken, häuten, kleinschneiden und zu den Zwiebeln geben, kurz mitdünsten und mit dem Mixstab zerkleinern, mit Salz und Pfeffer abschmecken. Die Chilischoten zugeben – je nach gewünschter Schärfe: ganz oder zerstoßen. Den Backofen auf 150 °C herunterschalten. Fisch abtropfen lassen, vorsichtig Gräten und Flossen entfernen, jedoch nicht die Haut. Die Hälfte der Gemüsepaste in eine ofenfeste Form geben. Die Fischstücke mit der Haut nach oben hineinlegen, mit der restlichen Paste bedecken. Die Form mit Alufolie abdecken und das Gericht in Ofenmitte 2 Stunden langsam garen.

Beilage: gekochte Kartoffeln oder Kartoffelpüree.

Getränk: Bier oder ein trockener Weißwein aus der Rioja oder aus Navarra.

Ganz Spanien einschließlich seiner Inseln liebt „bacalao“, Stock- oder Klippfisch, und es gibt unzählige Arten, ihn zuzubereiten. Nichtspanier können nur schwer nachvollziehen, daß dieser brettartige, mit feinem Salz überzogene mumifizierte Fisch so viele Anhänger findet, wo doch frischer Fisch jederzeit verfügbar ist. Besonders raffinierte Kreationen kommen aus dem Baskenland, wo Bacalao mit exzellenten Saucen aufgetragen wird oder mit Gemüse als Eintopf zu Tisch kommt. Nicht nur am häuslichen Herd, sondern auch in Spitzenrestaurants widmen sich Kochkünstler dem Vorratsfisch und erheben ihn zur Delikatesse.

CERVEZA
ESPECIAL

Von der Costa Blanca

Gefüllte Sardinen

16 große, geschuppte und ausgenommene Sardinen ohne Kopf
Salz
Pfeffer aus der Mühle
2 mittelgroße Zwiebeln
2 kleine Knoblauchzehen
8 EL kaltgepreßtes Olivenöl
100 g Paniermehl
1 Bund glatte Petersilie
1 Ei
Pfeffer aus der Mühle
2 EL Mehl
¼ Liter trockener Weißwein

Für Gäste
Schwierigkeitsgrad:
2 von 3
Zubereitungszeit:
etwa 40 Min.

Sardinas Rellenas
Die Sardinen unter fließendem kaltem Wasser innen und außen abspülen, mit Küchenpapier abtrocknen. Die Sardinen vorsichtig auseinanderklappen und jeweils die Rückengräte heraustrennen. Dabei dürfen die Fische keinesfalls in zwei Teile zerfallen. Die Sardinen innen und außen mit Salz und Pfeffer einreiben. Zwiebeln und Knoblauch schälen und fein würfeln. 2 EL Öl in der Pfanne erhitzen und Zwiebeln und Knoblauch darin glasig dünsten. Das Paniermehl unterrühren und kurz mitbraten. Den Pfanneninhalt in ein Schüsselchen geben. Die Petersilie abspülen, die Blättchen hacken. Die Hälfte davon mit Ei, etwas Salz und Pfeffer in das Schüsselchen geben und untermischen. Die Sardinen mit der Eimasse füllen, zusammenklappen und mit Hölzchen zustecken. Die Fische leicht in Mehl wenden. Das restliche Öl in der Pfanne erhitzen und die Sardinen rundum goldbraun braten. Das Öl bis auf einen kleinen Rest abgießen. Den Wein zu den Sardinen gießen, 5–6 Minuten einkochen lassen und dabei die Sardinen fertiggaren, mit Petersilie bestreuen.

Tip: Man kann die Sardinen mit dem Wein auch in eine Tonform geben, im vorgeheizten Backofen bei 200 °C in etwa 15 Minuten fertig garen und in der Form servieren.

Getränk: Trockener Sherry Fino oder Manzanilla oder ein trockener Roséwein von der Levante.

Meist wird mit Sardinen kein großer Aufwand betrieben. Mehrere dieser kleinen Fische werden einfach nebeneinander auf dünne Zweige gesteckt, direkt am Strand über glühender Holzkohle gegrillt und aus der Hand gegessen. Die in den Sand gesteckten Spieße gehören zum gewohnten Bild der Ferienküsten von der Levante bis Andalusien, und der würzige Duft erweckt auch bei ausländischen Gästen Neugier – und Appetit. Zu Hause kommen natürlich raffiniertere Zubereitungsarten zur Anwendung, etwa nach dem hier vorgestellten Rezept. In Andalusien werden Sardinen auch nur in Olivenöl gebacken und in Marinade aus verdünntem Essig sowie Knoblauch, Safran, Kreuzkümmel, Lorbeerblättern und Zitrone eingelegt; „en escabeche“ heißt diese Zubereitungsart.

DOMEC
La In
SHERRY
75cl.

Seehecht mit Spargel und Muscheln

8 Scheiben Seehecht, je 100 g
Salz
Pfeffer aus der Mühle
2 EL Mehl
1 große Zwiebel
3 Knoblauchzehen
8 Spargel, weiß
12 frische, geschlossene Venusmuscheln
4 EL kaltgepreßtes Olivenöl
4 EL trockener Weißwein
150 g grüne Erbsen, tiefgekühlt
1 EL Zitronensaft
1 Bund glatte Petersilie

Für Gäste
Schwierigkeitsgrad:
3 von 3
Zubereitungszeit:
etwa 45 Min.

Merluza a la Vasca
Die Fischscheiben kalt abspülen und mit Küchenpapier abtrocknen. Dann mit etwas Salz und Pfeffer einreiben und in Mehl wenden. Zwiebel und Knoblauch schälen und kleinwürfeln. Den Spargel waschen, falls nötig schälen. Die Muscheln waschen und in ⅛ Liter Wasser zugedeckt kochen, bis sie sich öffnen. Das Öl in einer Pfanne erhitzen, Zwiebel und Knoblauch darin glasig braten. Den Fisch dazulegen und bei sanfter Hitze von beiden Seiten insgesamt 8 Minuten braten. Den Fisch aus der Pfanne nehmen und auf einer Platte warm halten. Die Muscheln aus dem Sud heben und zum Fisch legen. Den Muschelsud mit dem Wein zum Fond in der Pfanne gießen und aufkochen. Erbsen und Spargel zufügen und 10 Minuten zugedeckt sanft garen. Erbsen und Spargel aus der Pfanne heben und zu Fisch und Muscheln legen. Die Sauce mit Salz, Pfeffer und Zitronensaft abschmecken. Die Petersilie waschen, die Blättchen hacken. Die Sauce über Fisch und Gemüse gießen, mit der Petersilie bestreut servieren.

Getränk: Ein gekühlter trockener Weißwein aus Navarra.

Beilage: Auch zu diesem Gericht wird weißes Landbrot gegessen.

Tip: Außerhalb der Spargelzeit kann auch Spargel aus der Dose verwendet werden. Vor allem der spanische Spargel eignet sich dafür besonders gut.

Der Seehecht gilt allgemein als Lieblingsfisch der Basken. Auf baskische Art zubereitet, mit weißem Spargel, grünen Erbsen und Muscheln, genießt man ihn heute in ganz Spanien. Besonders begehrt sind für dieses Gericht die „kokotxas", die Seehechtbacken, kleine, zarte Fischfleischstücke, die unter den Augen des Fisches liegen. Diese Delikatesse gibt es allerdings nicht so häufig. Traditionell gehören Venusmuscheln zum Gericht, doch kann auch eine andere Muschelart verwendet werden. Serviert wird Seehecht gerne in kleinen Keramikschüsseln mit viel Sauce, nach Geschmack auch zusammen mit weiteren Meeresfrüchten.

Heilbutt in Wirsing

8 große Wirsingblätter
Salz
8 Scheiben Heilbutt
à 100 g
Pfeffer
3 EL Öl
50 g Blutwurst
50 g Sobrasada
30 g Pinienkerne
30 g Rosinen
1 große Zwiebel
4 Knoblauchzehen
1 große Tomate
½ TL milder Paprika
¼ Liter herber Weißwein

Schwierigkeitsgrad:
2 von 3
Zubereitungszeit:
etwa 1¼ Stunden

Anfós amb Col
Wirsingblätter in Salzwasser blanchieren und abtropfen lassen. Heilbuttscheiben mit Salz und Pfeffer würzen. Öl in einer großen Eisenpfanne erhitzen und den Fisch darin rundherum anbraten. Kohlblätter auf dem Tisch ausbreiten, je eine Scheibe Heilbutt darauf legen und auf jede Scheibe etwas kleingewürfelte Blutwurst und Sobrasada geben. Heilbuttscheiben mit dem Kohlblatt umwickeln und zubinden. Die Stücke in eine Tonform, am besten in eine Greixera, geben und warm halten. In dem restlichen Öl zuerst die Pinienkerne und Rosinen anbraten, wieder herausnehmen, dann nacheinander die kleingehackte Zwiebel, die ganzen Knoblauchzehen und die geschälte und kleingewürfelte Tomate anbraten. Rosinen und Pinienkerne dazugeben, mit Paprika würzen. Mit Wein aufgießen, einmal aufkochen lassen und das Ganze über den Heilbutt gießen. Im Backofen bei 175 °C ca. 30 Minuten schmoren.

Getränk: Ein frischer, fruchtiger weißer Insel-Landwein aus dem Anbaugebiet von Plá i Llevant de Mallorca oder ein Weißwein aus Katalonien.

Die Vorliebe der Mallorquiner für raffinierte Zubereitungsarten und ungewöhnlich kombinierte Zutaten zeigt sich bei diesem Gericht, bei dem bodenständig-bäuerliche und maurische Traditionen zusammentreffen. Da wird Fisch mit herzhafter Wurst in Wirsingblätter gewickelt und in einer süßlichen Sauce aus Wein, Pinienkernen und Rosinen in der Tonform, der „greixera“, gegart. Diese schalenförmige Schüssel ist das typische Kochgeschirr Mallorcas, in der die Gerichte auch auf den Tisch kommen. Teils werden die Greixeras noch in den alten „forns moros“, den maurischen Öfen, gebrannt, die seit Jahrhunderten benutzt werden. Greixeras findet man in verschiedenen Größen auf den Wochenmärkten.

Aus Valencia

Nudeln mit Meeresfrüchten

Für 6 Portionen

4 küchenfertige Langostinos
100 g küchenfertige kleinere Garnelen, geschält
300 g Filets oder Scheiben vom Seeteufel oder Seehecht
150 g kleine, küchenfertige Kalmare
250 g gereinigte Venusmuscheln oder andere Muscheln
1 mittelgroße Zwiebel
2 Knoblauchzehen
4 EL kaltgepreßtes Olivenöl
½ kleine Dose geschälte Tomaten, 180 g
1 Lorbeerblatt
¾ Liter Fischbrühe (Instant-Produkt)
¼ Liter trockener Weißwein
350 g Eier-Fadennudel-Nestchen (nicht die ganz dünnen), in kurze Stücke gebrochen
Salz, Pfeffer aus der Mühle
1 Zitrone

Schwierigkeitsgrad:
2 von 3
Zubereitungszeit:
etwa 50 Min.

Fideuá
Langostinos, Garnelen, Fisch und Kalmare kalt abspülen und mit Küchenpapier abtrocknen. Den Fisch in mittelgroße Würfel, die Kalmare in Stücke schneiden. Die Venusmuscheln in reichlich kaltem Wasser waschen und abtropfen lassen, offene Muscheln wegwerfen. Zwiebel und Knoblauch schälen und kleinwürfeln. Das Olivenöl in einer Paella-Pfanne oder großen Kasserolle mittelstark erhitzen. Zwiebel und Knoblauch darin glasig braten. Die Tomaten mit Saft zufügen und mit dem Kochlöffel zerkleinern. Das Lorbeerblatt zugeben. Unter Rühren offen dünsten, bis der Saft etwas eingekocht ist. Brühe und Wein unterrühren und aufkochen. Langostinos, Fischwürfel und Kalmare untermischen und 5 Minuten bei schwacher Hitze offen garen. Dann Nudeln, Garnelen und Muscheln zugeben und alles 5–6 Minuten weiterkochen lassen, bis die Nudeln gar sind und die Flüssigkeit verdampft ist. Das Gericht sofort servieren. Nach Geschmack kann man vorher auch Aïoli unterrühren oder dazu servieren.

Tip: Gerne wird unter das fertige Nudelgericht etwas Aïoli-Sauce (Knoblauch-Mayonnaise, span. *salsa ajiaceite o alioli*) gerührt. Dafür 6 geschälte, feingehackte Knoblauchzehen mit ½ TL Salz im Mörser fein zerstoßen, mit 2 Eigelb in ein Schüsselchen geben und dick-cremig rühren. Nach und nach 200 ml kaltgepreßtes Olivenöl unterrühren. Aïoli mit Zitronensaft abschmecken.

Getränk: Roter Landwein aus der Region Valencia.

Tip: Das Gericht darf nach der Zubereitung nicht lange auf dem Herd stehen, weil die Nudeln nachquellen und trocken werden.

Mit den Reisgerichten konkurrieren an der Costa Brava die Gerichte mit Nudeln. Erstaunlich, wie es den Hausfrauen gelingt, die hier gebräuchlichen (besonders dünnen) „Spaghetti" der gewohnten Paella-Pfanne anzupassen. Allerdings werden sie in kurze Stücke gebrochen. Der Vorteil der Pfanne (auch bei der Paella): Die große Oberfläche bietet ausreichend Platz, um die mitgegarten Meeresfrüchte augenfällig zu präsentieren.

Reispfanne auf bäuerliche Art

Für 6 Portionen

16 geschlossene große spanische Pfahlmuscheln, küchenfertig
2 Zwiebeln
9 EL kaltgepreßtes Olivenöl
100 ml trockener Weißwein
1 Lorbeerblatt
3 Knoblauchzehen
2 Tomaten
einige Safranfäden
Salz
Pfeffer aus der Mühle
400 g spanischer Rundkornreis
2 große grüne Paprikaschoten

Für Gäste
Schwierigkeitsgrad:
3 von 3
Zubereitungszeit:
etwa 50 Min.

Arroz Campesino
Die Muscheln 10 Minuten in eine Schüssel mit kaltem Wasser legen, danach noch geöffnete Muscheln wegwerfen. Die Muscheln gründlich waschen.
1 Zwiebel schälen und kleinwürfeln. In der Pfanne 1 EL Olivenöl mittelstark erhitzen, die Zwiebel darin glasig braten. Wein und Lorbeerblatt zufügen und bei starker Hitze aufkochen. Die Muscheln darin zugedeckt 4–5 Minuten garen, bis sie sich geöffnet haben, dabei die Pfanne ein- bis zweimal rütteln. Geschlossene Muscheln wegwerfen. Die geöffneten Muscheln aus dem Sud nehmen und aufheben. Den Muschelsud durch ein Sieb in einen Meßbecher gießen. Knoblauch und die übrige Zwiebel schälen und in Scheibchen schneiden. Die Tomaten häuten und das Fruchtfleisch würfeln. Den Safran in 1 EL Wasser einweichen. In der Pfanne 1 EL Olivenöl erhitzen, Knoblauch und Zwiebel glasig braten, die Tomaten 2 Minuten mitdünsten. Den Safran einrühren, alles mit Salz und Pfeffer abschmecken und beiseite stellen. In einer Paella- oder normalen großen Pfanne mit hohem Rand 5 EL Olivenöl mittelstark erhitzen, den Reis darin unter Rühren glasig braten. Tomatenmischung unterrühren. Den Muschelsud mit heißem Wasser auf 1150 ml auffüllen und über den Reis gießen, offen weitergaren, bis der Reis die Flüssigkeit aufgenommen hat. Während der Reis gart, die Paprikaschoten putzen, waschen und in breite Streifen schneiden, in 2 EL Öl in der Pfanne braten, zugedeckt bei schwacher Hitze 10 Minuten schmoren. Den Reis mit Salz und Pfeffer abschmecken, mit Paprikastreifen und Muscheln belegen, zugedeckt 1–2 Minuten stehen lassen und servieren.

Getränk: Zu der Reispfanne paßt ein trockener Weißwein aus La Mancha.

Reis zählt zu den Haupterzeugnissen Andalusiens und wird vor allem in den Flußebenen des Guadalquivir angebaut. Die Reispfanne auf bäuerliche Art gilt als das andalusische Gegenstück zur Paella aus Valencia. Im Sommer wird mit Brühe gegarter Reis überall mit gebratenen grünen Paprikaschoten gereicht, aber auch mit Zwiebeln, Knoblauch, Tomaten und Safran.

FLEISCH, GEFLÜGEL UND WILD

Lammhachsen mit Artischocken

8 kleine oder 4 große Artischocken (notfalls auch Artischockenherzen aus der Dose)
Saft von 1 Zitrone
Salz
1 mittelgroße Zwiebel
4 Knoblauchzehen
4 Lammhachsen von je 350 g
3 EL Mehl
6 EL kaltgepreßtes Olivenöl
¼ l Fleischbrühe, instant
100 ml trockener Weißwein
4 Scheiben Serrano-Schinken
Pfeffer aus der Mühle

Für Gäste
Schwierigkeitsgrad:
2 von 3
Zubereitungszeit:
etwa 40 Min.

Jarretes de Cordero con Alcachofas

Von den Artischocken großzügig die äußeren harten Blätter und die Blattspitzen bis zu den fleischigen Ansätzen abschneiden. Die Heufäden mit den kleinen dünnen Blättern im Innern mit einem Teelöffel auskratzen. Die Stiele bis auf ½ cm abschneiden und einschließlich der Stielansätze schälen. Jede Artischocke sofort waschen und in kaltes Wasser mit Zitronensaft legen, damit sie nicht braun werden. Große Artischocken halbieren. Dann in einem Topf, mit dem Zitronenwasser bedeckt und unter Beigabe von 1 EL Salz, 15–20 Minuten kochen, abtropfen lassen. Zwiebel und Knoblauch schälen und würfeln. Die Lammhachsen abspülen, abtrocknen und in Mehl wenden. In einer großen Kasserolle 4 EL Olivenöl stark erhitzen und die Hachsen rundum braun anbraten. Auf Mittelhitze schalten. Zwiebel und Knoblauch zufügen und glasig braten. Die Brühe, ⅛ Liter Artischockenwasser und Wein zugießen und die Hachsen zugedeckt 1 Stunde sanft dünsten. Die Artischocken halbieren bzw. vierteln und zum Fleisch geben. Weitere 10 Minuten garen. Den Schinken hacken, in 2 EL Öl anbraten und zum Gericht geben. Alles noch 5 Minuten köcheln lassen und dann servieren.

Getränk: Trockener Weißwein aus Navarra.

Lammhachsen eignen sich hervorragend zum Schmoren. Das Fleisch verleiht der Sauce eine feine, sämige Konsistenz. Die Hachsen sollten jedoch sanft und lange gegart werden, damit sich das Fleisch leicht vom Knochen lösen läßt. Ausgezeichnete Beigaben zu den Saucen sind wilde Pilze, vor allem aber Artischocken, die im Gemüseparadies entlang des Ebro angebaut werden und mit etwas Serrano-Schinken diesem Gericht die würzige Note geben.

Lamm nach Schäferinnenart

600 g Lammfleisch aus der Keule
6 Knoblauchzehen
1 Bund glatte Petersilie
Salz
½ TL Pfefferkörner
⅜ Liter trockener Weißwein
2 EL Weißweinessig
4 EL kaltgepreßtes Olivenöl
1 Gewürznelke
2 Zweige Rosmarin
2 Zweige Thymian
1 Lorbeerblatt
500 g kleine festkochende Kartoffeln
125 g Crème fraîche (nach Geschmack)

Läßt sich vorbereiten
Schwierigkeitsgrad:
1 von 3
Zubereitungszeit:
etwa 45 Minuten.

Cordero a la Pastora

Am Vortag das Fleisch in Würfel schneiden. Für die Marinade 3 Knoblauchzehen schälen, in Stücke schneiden. Die Hälfte der Petersilie waschen, trockenschütteln, die Blättchen hacken. Knoblauch und Petersilie mit ½ TL Salz und Pfefferkörnern in einem Mörser fein zerreiben. ⅛ Liter Wein und den Essig nach und nach zugießen. Das Fleisch darin wenden und zugedeckt kühl stellen. Am nächsten Tag das Fleisch aus der Marinade nehmen und abtropfen lassen. Das Olivenöl mittelstark erhitzen und das Fleisch rundum anbraten, doch nur leicht bräunen. 3 Knoblauchzehen schälen, kleinschneiden. Restliche Petersilienblättchen hacken, mit Knoblauch und ½ TL Salz im Mörser zerstoßen und unter das Fleisch rühren. Gewürznelke, Kräuterzweige und Lorbeer zugeben. Mit ¼ Liter Wein und ½ Liter Wasser auffüllen und das Fleisch während 1 Stunde langsam garen. Die Kartoffeln schälen, abspülen, halbieren und 20 Minuten vor Garzeitende unter das Fleisch mischen. So viel heißes Wasser zugeben, daß Kartoffeln und Fleisch bedeckt sind. Nach 15 Minuten die Crème fraîche untermischen und bis zum Ende der Garzeit weiter sanft kochen lassen.

Getränk: Trockener Weißwein aus dem Gebiet Valdepeñas.

Tip: Nicht gerade original spanisch ist die Zugabe von Crème fraîche, doch verfeinert sie das Aroma dieses traditionellen Gerichts ganz bedeutend, so daß man sich diesen kleinen Stilbruch ruhig erlauben sollte.

Schafherden, die friedlich über sanfte Hügel ziehen, gehören zum gewohnten Landschaftsbild Spaniens. An die zwanzig Millionen Schafe grasen in seinen Regionen und wandern auf den „cañadas“, den uralten Weidewegen, im Winter in südliche, im Sommer in nördliche Zonen. Geführt werden sie von ihren Hirten, deren Rechte schon im Mittelalter von mächtigen Zünften gewahrt wurden.
Das Fleisch von Lämmern und Schafen wird in Spanien auf vielerlei Arten zubereitet. Zu den Klassikern der regionalen Küche zählen auch heute noch die traditionellen Hirtengerichte, wie Lamm nach Schäferinnenart.

Aus Madrid

Kuttelragout

400 g gut gereinigte, vorgekochte Kalbskutteln (eventuell beim Fleischer vorbestellen)
je etwa 400 g Kalbsfuß und Schweineohr (ebenfalls vorbestellen) oder Schweinebauch
Salz
¼ Liter trockener Weißwein
1 Lorbeerblatt
5–6 schwarze Pfefferkörner
1 Gewürznelke
50 g roher spanischer Schinken
3 große Zwiebeln
4 Knoblauchzehen
2 dünne Stangen Lauch
3 Möhren
3 EL kaltgepreßtes Olivenöl
1½ TL Paprikapulver, edelsüß
1 kleine Dose geschälte Tomaten
200 g Paprikawurst, vorzugsweise Chorizo (oder Debrecziner)
Pfeffer aus der Mühle

Zeitaufwendig
Schwierigkeitsgrad:
3 von 3
Zubereitungszeit:
ca. 3 Stunden

Callos a la Madrileña

Die Kutteln kalt abspülen, gut abtropfen lassen und in 1 cm breite Streifchen schneiden. Kalbsfuß und Schweineohr oder -bauch kalt abspülen und, mit Wasser bedeckt, in einem Topf unter Beigabe von 1 TL Salz 30 Minuten kochen. Den Kalbsfuß aufschneiden und die Knochen entfernen. Das Fleisch würfeln. Schweineohr oder -bauch von den Schwarten und Knorpeln befreien, übrige Teile würfeln. Fleisch und Kutteln mit dem Wein in einen Topf geben, so viel Kochbrühe zugießen, bis alles bedeckt ist. 1 TL Salz, Lorbeerblatt, die zerdrückten Pfefferkörner und die Gewürznelke zufügen. Alles zugedeckt bei schwacher Hitze 1 Stunde garen. Den Schinken in Streifen schneiden. Zwiebeln und Knoblauch schälen und würfeln. Den Lauch putzen, waschen, die hellgrünen und weißen Teile in Streifchen schneiden. Die Möhren schälen und würfeln. Das Öl in einer Pfanne erhitzen und den Schinken leicht anbraten. Zwiebeln und Knoblauch zufügen und glasig braten. Das übrige Gemüse zugeben und kurz mitschmoren. Das Gemüse mit Salz und Paprikapulver abschmecken. Das Gemüse mit zerkleinerten Tomaten und Tomatensaft unter Kutteln und Fleisch mischen. Die Paprikawurst in Scheibchen schneiden und unterrühren. Das Gericht abgedeckt 1 Stunde lang schwach weiter köcheln lassen. Danach nochmals abschmecken. Mit weißem Landbrot servieren.

Getränk: Ein kräftiger Rotwein aus der Region La Mancha.

Tip: Das Gericht läßt sich gut vorbereiten und schmeckt aufgewärmt fast noch besser.

Wer in Madrid einmal Kutteln probiert hat, wird kaum verstehen, warum diese Delikatesse bei uns so wenig geschätzt wird. In der spanischen Hauptstadt ist sich keine Hausfrau, kein Nobelkoch zu schade, sie aufzutischen. Das reichhaltige Ragout mit Zutaten vom Schwein und Kalb, mit Gemüsen, Gewürzen, Knoblauch und Chorizo weiß jeder zu schätzen. Honorige Geschäftsleute treffen sich zum Kuttelessen und genießen die würzige Mahlzeit mit einem Glas guten Rotwein.

In Milch geschmorter Schweinerücken

800 g Schweinerücken, vom Knochen befreit
4 Knoblauchzehen
100 g gesalzener, durchwachsener Speck
½ TL gemahlener Zimt
Salz
2 EL Mehl
1 Liter Milch
100 g geschälte, gemahlene Mandeln
Pfeffer
1 EL Zitronensaft
½ Bund glatte Petersilie

Raffiniert
Schwierigkeitsgrad:
2 von 3
Zubereitungszeit:
ca. 40 Minuten

Lomo de Cerdo con Leche

Am Vorabend den Schweinerücken kalt abspülen, abtrocknen und mit Küchengarn einbinden, so daß er beim Garen die Form behält. Den Knoblauch schälen, halbieren und das Fleisch rundum damit einreiben. Den Knoblauch auf das Fleisch legen, zugedeckt über Nacht an einem kühlen Platz ruhen lassen. Am nächsten Tag den Knoblauch abnehmen und aufheben. Den Speck kleinwürfeln und in einem Bratentopf ausbraten. Den Knoblauch zufügen, anbräunen, aus der Pfanne nehmen und aufheben. Das Fleisch mit Zimt und wenig Salz einreiben, in Mehl wenden und im Topf von allen Seiten goldbraun anbraten. Milch und Knoblauch zufügen und aufkochen. Das Fleisch bei sanfter Hitze zugedeckt etwa 50–60 Minuten garen, aus dem Fond nehmen und warm halten. Den Fond durch ein Sieb gießen und zurück in den Topf geben. Die Mandeln untermischen, nochmals erhitzen und auf der ausgeschalteten Kochstelle 10 Minuten stehen lassen. Die Sauce mit Salz, Pfeffer und Zitrone abschmecken. Das Garn vom Fleisch ablösen. Den Braten in Scheiben schneiden, auf eine Platte legen und mit der Sauce begießen. Mit Petersilie garnieren oder bestreuen.

Tip: Dazu gibt's Kartoffelbrei und in Olivenöl gedünstete grüne Bohnen und rote Paprikaschoten.

Getränk: Trockener Weißwein aus Navarra.

Ein Schwein im Stall zählt in den Gehöften, den „caseríos" des Baskenlandes, noch zum kulinarischen Potential vieler Familien. Das Jahr über durchgefüttert mit Erzeugnissen aus dem Küchengarten und mit Getreide, sehen alle voller Erwartung der „matanza", dem Schlachten im Winter entgegen. Dann arbeitet die ganze Familie einschließlich der Nachbarn mehrere Tage lang an der Herstellung von herzhaften Würsten und zartem Schinken. Feine Bratenstücke, wie der Schweinerücken, werden nach teils ungewöhnlichen Rezepten zubereitet. Die Milch macht das Fleisch besonders zart und mild im Geschmack. Als besonders raffinierte Beilage empfiehlt ein baskisches Kochbuch in Weinbrand getränkte Rosinen.

VIURA CHARDO
NAVARR
12,5% Vol
75 cl e

Ochsenschwanzragout

1 große Zwiebel
4 Knoblauchzehen
1 dünne Stange Lauch
1 große Möhre
2 Stengel Staudensellerie
1,2 kg Ochsenschwanz aus dem dicken Teil in Scheiben
5 EL kaltgepreßtes Olivenöl
2 EL Tomatenmark
¼ Liter trockener Rotwein
400 ml Fleischbrühe
2 Lorbeerblätter
1 Thymianzweig
3 Gewürznelken
Salz
Pfeffer aus der Mühle
50 ml trockener Sherry Fino
½ Bund glatte Petersilie

Schwierigkeitsgrad:
2 von 3
Zubereitungszeit:
ca. 1 Stunde.

Rabo de Toro a la Sevillana
Die Zwiebel und die Knoblauchzehen schälen. Die Zwiebel klein würfeln, den Knoblauch in Scheibchen schneiden. Den Lauch putzen, waschen, die weißen und hellgrünen Teile in Streifchen schneiden. Die Möhre schälen und würfeln. Den Sellerie putzen, waschen und in Scheibchen schneiden. Den Backofen auf 150 °C vorheizen. Die Ochsenschwanzscheiben kalt abspülen und abtrocknen. Das Öl in einem Bräter stark erhitzen. Die Ochsenschwanzscheiben darin rundum braun anbraten. Zwiebeln, Knoblauch und das übrige Gemüse zugeben und unter Rühren 1 Minute mitbraten. Das Tomatenmark im Wein glattrühren, mit der Brühe zugießen und aufkochen. Kräuter und Gewürze zufügen, mit Salz und Pfeffer abschmecken und zugedeckt in Ofenmitte 1½ Stunden garen. Ochsenschwanz aus dem Topf nehmen und das Fleisch von den Knochen lösen. Die Sauce durch ein Sieb gießen und mit dem Sherry offen kochen, bis sie leicht eingedickt ist. Die Sauce mit Salz und Pfeffer abschmecken und das Fleisch hineinlegen. Die Petersilie waschen, die Blättchen hacken und über das Gericht streuen. Dazu frisches, weißes Landbrot reichen oder fritierte Kartoffeln.

Getränk: Ein trockener Rotwein aus La Mancha.

Nach einem Stierkampf „rabo de toro“ serviert zu bekommen, gilt nicht nur in Sevilla, sondern in ganz Spanien als große Ehre, die häufig prominenten Gästen vorbehalten bleibt. Das Gericht steht vor allem auch in Pamplona, der Provinzhauptstadt Navarras, während der Fiesta de San Fermín oder Sanfermines vom 6./7. bis 14. Juli auf der Speisekarte renommierter Restaurants. Höhepunkte sind während der Fiesta die täglichen Stiereintreibungen, „encierros“, quer durch die Stadt, und – wie könnte es in Spanien anders sein – natürlich die anschließenden Stierkämpfe.

ASTRAD
FINO
DRY
SHERR
MIGUEL ASTR
FESTEJOS TAURINOS, 2
31
MAYO
ARTE DEL REJONEO
PATRICIA PELLEN
NATHALIE
RAQUEL OROZCO
ANA BATISTA
1
JUNIO
CORRIDA DE TOROS
RAFAEL DE
PAULA
JESULIN
DE UBRIQUE
"EL TATO"
"La Guita"

Huhn mit Mandeln

1 Masthähnchen, 1,3 kg
Salz
Pfeffer aus der Mühle
300 g Schalotten
6 EL kaltgepreßtes Olivenöl
3 Lorbeerbläter
½ Bund glatte Petersilie
¼ Liter trockener Weißwein
150 ml Hühnerbrühe
3 Eier
50 g geschälte und gemahlene Mandeln
½ Tütchen Safran
2 Knoblauchzehen
30 g ganze geschälte Mandeln

Für Gäste
Schwierigkeitsgrad:
2 von 3
Zubereitungszeit:
ca. 1 Stunde

Pollo en Pepitoria

Das Hähnchen außen und innen kalt abspülen und trockentupfen und in 8 Stücke schneiden. Die Fleischteile mit Salz und Pfeffer einreiben. Die Schalotten schälen. Die Petersilie waschen und hacken. 4 EL Öl in einem Schmortopf gut erhitzen und die Hähnchenteile darin rundum goldbraun anbraten. Schalotten, Lorbeerblätter und die Hälfte der Petersilie unterrühren und kurz mitbraten. ⅛ Liter Wein zugießen und nach und nach verdampfen lassen. ⅛ Liter Brühe dazugießen, den Deckel auflegen und das Fleisch bei sanfter Hitze 45 Minuten schmoren. Das Fleisch gelegentlich wenden und den restlichen Wein hinzufügen. Die Eier hart kochen, abschrecken und pellen. Das Eiweiß hacken. Das Eigelb mit dem restlichen Öl, den gemahlenen Mandeln und dem Safran in den Mörser geben. Knoblauch schälen, durch die Knoblauchpresse drücken und hinzufügen. Alles mit der restlichen Brühe zu einer Paste verarbeiten. Die ganzen Mandeln ohne Fett hellbraun rösten. Fleisch und Schalotten aus dem Fond heben und auf einer Platte warm halten. Das Fett vom Fond abschöpfen und weggießen. Die Mandelpaste in den Fond rühren und erhitzen, auf das Gericht geben und mit Mandeln, Eiweiß und Petersilie bestreuen.

Tip: Dazu Brot oder Reis reichen.

Getränk: Trockener Roséwein von der Levante.

Den Mauren verdankt Spanien vor allem auch die Mandelbäume. Im Umfeld der alten maurischen Stadt Granada überziehen sie das Land im Vorfrühling mit einem weißen Blütenteppich. Ihre Früchte, die süßen Mandeln, bereichern bis heute zahlreiche Gerichte vor allem der andalusischen Küche. Mandeln sind nicht nur die wichtigste Zutat vieler Süßigkeiten, sie verfeinern auch Suppen und Saucen – wie bei dem nebenstehenden Ragout, das in kleinen Portionen auch als Tapa serviert werden kann.

Aus Saragossa

Huhn nach Chilindron-Art

1 Brathuhn, ca. 1,3 kg
80 g Serrano-Schinken
6 frische rote Paprikaschoten
1 mittelgroße Zwiebel
3 Knoblauchzenen
½ Bund glatte Petersilie
2 Tomaten
5 EL kaltgepreßtes Olivenöl
Salz
Pfeffer aus der Mühle
¼ Liter trockener Rotwein

Schwierigkeitsgrad:
1 von 3
Zubereitungszeit:
ca. 40 Min.

Pollo al Chilindrón

Das Huhn kalt abspülen, trockentupfen und in 8 Stücke schneiden. Den Schinken in kleine Streifen schneiden. Die Paprikaschoten halbieren, entstielen und entkernen, abspülen und in Streifen schneiden. Diese Zutaten beiseite stellen. Zwiebel und Knoblauch schälen und kleinwürfeln. Die Petersilie waschen, die Blättchen hacken. Die Tomaten häuten, Stielansätze, Kerne und Saft entfernen und das Fruchtfleisch würfeln. 4 EL Öl in einer Pfanne mittelstark erhitzen. Zwiebel und die Hälfte vom Knoblauch glasig braten. Petersilie unterrühren. Die Tomaten zufügen, mit Salz und Pfeffer würzen und 10 Minuten zugedeckt sanft dünsten. Den Schinken in einer Kasserolle mit 1 EL Öl bei Mittelhitze anbraten. Die Huhnteile zugeben und anbraten, bis sie sich leicht bräunen. Paprikaschoten, restlichen Knoblauch und das Gemüsegemisch aus der Pfanne zum Huhn geben. Alles mit Salz und Pfeffer bestreuen, den Rotwein darüber gießen und unterrühren. Das Gericht bedeckt bei sanfter Hitze 1 Stunde garen, gelegentlich umrühren.

Getränk: Ein Rotwein aus der Rioja.

Chilindrón ist ein Eintopfgericht, das aus den alten Königreichen Aragonien und Navarra stammt. Es setzt sich aus Tomaten, Zwiebeln, Knoblauch, Serrano-Schinken und gerösteten frischen roten Paprikaschoten zusammen. Die Bewohner von Saragossa, der alten Stadt am Fluß Ebro, begabt im Mischen von Gerichten, brachten das Gemüse mit Huhn zusammen. So entstand das nebenstehende Rezept. Doch auch Lamm, Kaninchen, Zicklein oder Kalb schmecken wunderbar mit einer Chilindrón-Sauce, deren letzten köstlichen Rest jeder mit einem Stück Brot aus dem Teller aufwischt.

Wachteln in Schokoladensauce

8 küchenfertige Wachteln
Salz
Pfeffer aus der Mühle
1 mittelgroße Zwiebel
4 Knoblauchzehen
3 kleine Möhren
5 EL kaltgepreßtes Olivenöl
1 EL Mehl
4 EL Rotweinessig
¼ Liter trockener Rotwein
⅜ Liter Hühnerbrühe (Fertigprodukt)
2 Lorbeerblätter
2 Gewürznelken
2 EL geraspelte Zartbitter-Schokolade
½ Bund glatte Petersilie

Für Gäste
Schwierigkeitsgrad:
2 von 3
Zubereitungszeit:
ca. 50 Minuten

Cordonices con Chocolate

Die Wachteln kalt abspülen und mit der Geflügelschere halbieren, mit Küchenkrepp trockentupfen. Das Geflügel mit Salz und Pfeffer einreiben. Die Zwiebel schälen und würfeln. Den Knoblauch schälen und in Scheibchen schneiden. Die Möhren schälen und würfeln. Das Olivenöl in einer Pfanne erhitzen und die Wachteln von allen Seiten kurz anbraten. Das Gemüse hinzufügen und ebenfalls anbraten. Das Mehl darüberstreuen, untermischen. Essig, Wein und Hühnerbrühe unterrühren und dabei aufkochen. Lorbeerblätter und Nelken ebenfalls unterrühren und alles zugedeckt bei sanfter Hitze 15 Minuten dünsten. Die Wachteln aus der Sauce heben und warm stellen. Die Schokoladenraspel in die Sauce einrühren und schmelzen lassen. Die Sauce abschmecken. Die Petersilie waschen, die Blättchen hacken. Die Wachteln zurück in die Sauce legen und mit Petersilie bestreut servieren. Zum Gericht helles Landbrot reichen.

Getränk: Ein Rotwein aus der Rioja.

Tip: Statt mit Wachteln kann das Gericht auch mit Rebhuhn oder mit Kaninchenteilen zubereitet werden.

Die Aragonesen sind Meister in der Zubereitung köstlicher Saucen. Das Geheimnis des Wohlgeschmacks bei zahlreichen Gerichten: ein Stückchen Schokolade, das im letzten Augenblick der Zubereitung dazugegeben wird und sanft in der Sauce schmilzt. Die Schokolade läßt sich im Geschmack nur erahnen, doch rundet sie das Gericht wunderbar ab, entlockt dem Fleisch ein subtiles Aroma und intensiviert dasjenige der Sauce. Schokolade verfeinert auch eine vorzügliche Sauce aus kleinen glacierten Zwiebeln, die ebenfalls gerne zu Federwild wie Rebhuhn oder Täubchen gereicht wird, aber auch ein Kaninchen oder ein braves Huhn kulinarisch aufwertet. In Katalonien serviert man Schokoladensauce sogar zu Hummer.

CONTENIDO
1L.

Aus Valencia

Hühnerbrüstchen in Orangensauce

2 große, süße Orangen, unbehandelt
Hühnerbrüstchen ohne Haut und Knochen, ca. 600 g
Salz
Pfeffer aus der Mühle
3 EL kaltgepreßtes Olivenöl
100 ml Hühnerbrühe, Fertigprodukt
4 kleine, frische Minzezweige
1 Prise geriebene Muskatnuß

Für Gäste
Schwierigkeitsgrad:
1 von 3
Zubereitungszeit:
ca. 30 Min.

Pechuga de Pollo en Salsa de Naranja
Eine Orange waschen, von der Hälfte die Schale fein abreiben. Beide Orangen schälen, zwischen den Häutchen das Orangenfleisch herausschneiden und hacken, dabei den Saft auffangen. Die Hühnerbrüstchen kalt abspülen, trockentupfen und mit Salz und Pfeffer einreiben. Das Olivenöl in einer Pfanne mittelstark erhitzen und die Hühnerbrüstchen von beiden Seiten darin hellbraun braten, aus der Pfanne nehmen und warm halten. Die Orangenmischung mit Saft und die Hühnerbrühe in dem Fett der Pfanne bei mittlerer Hitze 5 Minuten unter Rühren leicht einkochen, dann durch ein Sieb streichen und zurück in die Pfanne geben. Die Minze waschen, die Hälfte der Blättchen hacken und unter die Orangensauce mischen. Die Sauce mit Muskat, Salz und Pfeffer abschmecken und die Hühnerbrüstchen hineinlegen. Bei sanfter Hitze noch 5–6 Minuten garen, dabei einmal wenden. Das Gericht mit der restlichen Minze garniert servieren.

Tip: Dazu reicht man Reis oder frisches Weißbrot. Nach Geschmack kann man das Gericht noch mit frischen Orangenfilets oder -scheiben anrichten.

Getränk: Ein gut gekühlter halbtrockener Weißwein aus dem Anbaugebiet bei Valencia.

Auf ihre wunderbaren Orangen kann die Stadt Valencia mit Recht stolz sein. Die aromatischen Früchte verwendet man in der Region auch gerne für die Zubereitung herzhafter Gerichte, vor allem für Geflügel. Dieses leichte Sommergericht in der fruchtigen Sauce schmeckt übrigens auch kalt hervorragend. Wer die Hühnerbrust in Stücke schneidet und anbrät, kann das Gericht auch als Tapa servieren. Die Sauce wird gerne mit Brotstückchen aufgetunkt.

KÖSTLICHES EIS
ISBN 3-89393-069-8
Format 16 x 22 cm
112 Seiten

RUNDUM VEGETARISCH
ISBN 3-89393-157-0
Format 16 x 22 cm
96 Seiten

KÖSTLICHE GESCHENKE
ISBN 3-89393-087-6
Format 16 x 22 cm
96 Seiten

DM 19,80/öS 145,–/sFr. 19,– je Ex.
Unverbindliche Preisempfehlung

Folgende Titel sind in gleicher Ausstattung erhältlich:

Erlebnis Biergarten	ISBN 3-89393-085-X
Feine Desserts	ISBN 3-89393-033-7
Festliches Gebäck	ISBN 3-89393-032-9
Fröhliche Weihnachten	ISBN 3-89393-130-9
Geliebte Nudeln	ISBN 3-89393-137-6
Heißgeliebte Schokolade	ISBN 3-89393-101-5
Leckeres für Kinder	ISBN 3-89393-045-0
Lust auf Fisch	ISBN 3-89393-138-4
Süß & Sauer Eingemachtes	ISBN 3-89393-151-1
Mix Dir ... Cocktails	ISBN 3-89393-146-5
Munich Oktoberfest (engl.)	ISBN 3-89393-158-9

FESTE,
MENÜS & BUFFETS
ISBN 3-89393-080-9
Format 22,5 x 30 cm
206 Seiten

FISCHE &
MEERESFRÜCHTE
ISBN 3-89393-148-1
Format 22,5 x 30 cm
208 Seiten

WEIHNACHTEN - FEST
FÜR DIE WELT
ISBN 3-89393-141-4
Format 22,5 x 30 cm
208 Seiten

WEIN ERLEBEN &
GENIEßEN
ISBN 3-89393-106-6
Format 22,5 x 30 cm
204 Seiten

Diese Buchreihe wurde für Genießer mit den höchsten Ansprüchen konzipiert, die das Besondere lieben. Deshalb eignen sich diese inhaltlich und äußerlich hochwertigen Bände hervorragend für bibliophile Sammler einer erstklassigen Edition.

DM 78,– je Ex.
öS 569,– je Ex.
sFr 71,– je Ex.
Unverbindliche
Preisempfehlung

Von den Kanarischen Inseln

Gebeiztes Kaninchen

1 küchenfertiges Kaninchen mit der Leber (das Kaninchen vom Händler in Portionsstücke teilen lassen)
¼ Liter trockener Weißwein
100 ml Rotweinessig
100 ml kaltgepreßtes Olivenöl
1 kleine, getrocknete Chilischote
8 schwarze Pfefferkörner
Meersalz
6 Knoblauchzehen
2 Gewürznelken
je 1 Zweig frischer Thymian und Majoran
2 Lorbeerblätter
30 g Schweineschmalz oder 3 EL kaltgepreßtes Olivenöl
½ TL Paprikapulver, edelsüß
½ TL Kreuzkümmel, gemahlen

Schwierigkeitsgrad:
2 von 3
Zubereitungszeit:
ca. 1 Stunde

Conejo en Salmorejo
Die Kaninchenteile kalt abspülen und abtrocknen. Wein, Essig und Olivenöl in ein Tongefäß oder in eine hohe Schüssel geben. Chilischote, Pfefferkörner, 1 TL Meersalz und den geschälten und in Stücke geschnittenen Knoblauch in einem Mörser fein zerstoßen. Die Mischung zusammen mit den Gewürznelken unter Wein, Essig und Öl rühren und die Fleischteile hineinlegen, mit den Kräuterzweigen und dem Lorbeer bedecken. Einen Deckel oder Teller auflegen und das Fleisch für 12 Stunden kühl stellen, zwischendurch einmal umdrehen. Die Fleischstücke abtropfen lassen und abtrocknen. Schmalz oder Öl in einer großen Pfanne gut erhitzen und die Kaninchenteile rundum braun anbraten. Den Knoblauch aus der Beize fischen und kurz unter Wenden mitbraten. Nach und nach die Beize aufgießen und alles zugedeckt etwa 30–40 Minuten bei Mittelhitze schmoren, bis das Fleisch gar ist. Die Leber hacken, zum Schluß mit Paprikapulver und Kreuzkümmel unter das Gericht rühren, offen noch 10 Minuten köcheln lassen und die Sauce mit Salz abschmecken.

Tip: Als Beilage wird Reis oder Brot gereicht. Doch auch Kartoffeln, vor allem die kanarischen Runzelkartoffeln (s. Seite 106), schmecken gut zum Gericht. Nach alter Tradition ißt man auf den Inseln auch gerne den Getreidebrei *gofio* zu diesem Gericht.

Getränk: Ein trockener Roséwein von den Kanarischen Inseln oder aus dem Anbaugebiet von Valencia.

Einst zählten Wildkaninchen auf den Kanarischen Inseln mit zu den wichtigsten Fleischlieferanten. Erwischt heute ein Sonntagsjäger noch einen der Vierbeiner, so „zähmt“ ihn die Hausfrau, indem sie die Beute mindestens 12 Stunden in Beize einlegt. Wein, Essig und Olivenöl machen das Fleisch zart und mürbe und verleihen ihm ein köstliches Aroma. Auch ein zahmes Stallkaninchen wird, auf kanarische Art zubereitet, zum Leckerbissen.

DRAG'S
LIQUEUR

Ente mit Feigen

300 g getrocknete Feigen
¼ Liter trockener Sherry (Oloroso oder Amontillado)
1 küchenfertige junge Flug- oder Hausente, ca. 1,5 kg
Salz
Pfeffer aus der Mühle
40 g Schweineschmalz
1 große Zwiebel
2 Knoblauchzehen
300 ml Hühnerbrühe, Fertigprodukt
abgeriebene Schale ½ unbehandelte Zitrone
Salz
Pfeffer aus der Mühle
Brunnen- oder Gartenkresse zum Garnieren

Für Gäste
Schwierigkeitsgrad:
2 von 3
Zubereitungszeit:
ca. 45 Min.

Pato con Higos

Die Feigen zugedeckt über Nacht im Sherry einweichen. Am nächsten Tag in einen Topf geben und 10 Minuten sanft kochen. Im Sud erkalten lassen. Den Backofen auf 200 °C vorheizen. Die Ente innen und außen kalt abspülen und mit Küchenpapier abtrocknen. An den fettreichen Stellen mehrmals einstechen. Die Ente innen und außen mit Salz und Pfeffer einreiben. Das Schmalz in einem Bräter gut erhitzen und die Ente mit der Brust nach unten hineinlegen, rundum anbraten. Die Ente aus dem Bräter nehmen und mit Feigen-Sherry-Sud einpinseln. Das Fett aus dem Bräter abgießen. Die Ente wieder hineinlegen und in den unteren Bereich des Backofens schieben. Nach 10 Minuten die Hitze auf 160 °C herunterschalten und das Geflügel 45 bis 60 Minuten garen. Zwiebeln und Knoblauch schälen und kleinwürfeln. 2 EL Entenfett aus dem Bräter in einer Pfanne erhitzen, Zwiebeln und Knoblauch darin glasig braten. Feigensud unterrühren und etwas einkochen lassen. Einige Feigen zum Garnieren beiseite legen, die übrigen mit Zwiebeln, Knoblauch und Feigensud im Mixer pürieren und durch ein Sieb streichen. Die Zitronenschale einrühren und die Sauce mit Salz und Pfeffer abschmecken. Die Ente zerteilen, mit Feigen und Brunnenkresse garnieren und mit der Sauce servieren.

Getränk: Ein Rotwein aus der Region Navarra.

Eine typische Eigenheit der nordspanischen Küche: Um Geflügel geschmacklich zu veredeln, bereitet man es oft zusammen mit Früchten zu. Statt Feigen werden in Katalonien auch gerne Dörrpflaumen, Rosinen, Pinienkerne und ein Schuß Rotwein zur Ente in die Kasserolle gegeben. Die feine Süße der Früchte kommt dem würzigen Fleisch sehr zugute. Bei einer Wildente mildern Früchte den Wildgeschmack. Wem eine ganze Ente zu reichlich erscheint, kann auch nur Entenschenkel oder -brust auf die beschriebene Art (aber in kürzerer Garzeit) zubereiten.

Cosecha
1996

SÜSSES UND GETRÄNKE

Spritzgebäck Heisse Schokolade

SPRITZGEBÄCK
300 g Mehl
400 ml Wasser
50 ml Sonnenblumenöl
½ TL Salz
½ Liter Olivenöl zum Fritieren
Puderzucker zum Bestreuen

Schwierigkeitsgrad:
2 von 3
Zubereitungszeit:
ca. 40 Min.

HEISSE SCHOKOLADE
100 g Halbbitter-Kuvertüre
2 EL Zucker
1 Liter Milch
½ TL Speisestärke

Schwierigkeitsgrad:
1 von 3
Zubereitungszeit:
ca. 15 Min.

SPRITZGEBÄCK
Churros
Das Mehl in eine Schüssel sieben. 400 ml Wasser, Öl und Salz in einem Topf aufkochen. Die Flüssigkeit auf das Mehl gießen und alles schnell zu einem elastischen Teig verarbeiten. Öl in einem Fritiertopf auf 180 °C erhitzen oder so lange, bis an einem hineingehaltenen Hölzchen kleine Bläschen aufsteigen. Den Teig in einen Spritzbeutel mit großer Sterntülle füllen. Lange Stränge in das heiße Fett spritzen. Diese Teigschlangen goldbraun ausbacken, auf Küchenpapier entfetten und mit Puderzucker bestreut zu heißer Schokolade servieren.

HEISSE SCHOKOLADE
Chocolate Caliente
Die Kuvertüre in einen Topf geben und im heißen Wasserbad schmelzen. Den Topf auf die heiße Herdplatte stellen und sofort und unter ständigem Rühren Zucker und etwas Milch zufügen. Nach und nach die übrige Milch unterrühren und aufkochen. Speisestärke in ein wenig Wasser glattrühren und unter die Schokolade mischen. Diese nochmals aufkochen und servieren.

Spanier sind leidenschaftliche Tunker. Niemand käme je auf die Idee, sich eine „chocolate caliente" ohne etwas zum Hineintunken zu bestellen. Zu einem spanischen Frühstück, das in einem Café oder bei einer Tasse heißer Schokolade in einer „xocolateria" eingenommen wird, gehört „churros", in Öl ausgebackenes Spritzgebäck. Vor allem in Nordspanien, in Barcelona, sind die Xocolaterias auch beliebte Treffpunkte nach einem langen Nachtbummel. Der heiße, köstliche Schokoladentrunk setzt den Schlußpunkt und macht fit für den Heimweg. Churros wird häufig auch an kleinen Verkaufsständen angeboten und aus der Hand gegessen. Das Gebäck zählt zu den kulinarischen Hinterlassenschaften der Mauren und ist vor allem auch in Nordafrika und im Nahen Osten verbreitet. Die Schokolade brachten die spanischen Eroberer im 16. Jahrhundert aus dem alten Mexiko mit. Die Indios nannten sie „xokolatl". 100 Jahre später avancierte die Schokolade zum Mode- und Nationalgetränk und verbreitete sich von Spanien aus über die ganze westliche Welt.

Von Mallorca

Hefeschnecken

500 g Mehl
40 g Hefe
1 Prise Salz
1 Prise Zucker
¼ Liter Wasser
2 Eier
100 g Puderzucker
ca. 250 g Schweine-schmalz
Puderzucker zum Bestreuen

Schwierigkeitsgrad:
2 von 3
Zubereitungszeit:
etwa 2½ Stunden

Ensaimades
In dem Mehl eine Mulde machen, die Hefe mit Salz, Zucker und etwas lauwarmem Wasser darin auflösen. Zugedeckt an einem warmen Ort ca. 20 Minuten gehen lassen. Eier im restlichen lauwarmen Wasser verrühren und mit dem Puderzucker, 100 g Schmalz und dem Mehl verkneten. Teig in kleine Stücke schneiden, wieder zusammenkneten. Mehrmals wiederholen, bis er sehr weich und glatt ist. Zugedeckt an einem warmen Ort bis zu doppelter Größe gehen lassen. Ausrollen. 1 EL Schmalz in die Mitte legen, Teig von zwei Seiten zusammenklappen, ausrollen, Vorgang mit einem weiteren Stück Schmalz wiederholen.
Ca. 20 Minuten gehen lassen. Ausrollen und in 12 Stücke schneiden. Jedes Teil auf eine Größe von ca. 20 x 35 cm hauchdünn ausrollen, etwa 1 TL Schmalz aufstreichen. Teiglappen der Länge nach schräg einrollen und drehen, so daß er nach unten hin schlanker wird. Die spiralförmig gerollten Teigstücke auf das bemehlte Backblech legen, mit dem dickeren Ende beginnen und zwischen den Spiralen Luft lassen. Dünnes Ende unter die Schnecke legen. 20 Minuten gehen lassen. Mit Wasser bestreichen und bei 225 °C ca. 20 Minuten backen. Auf den Boden des Ofens einen Topf Wasser stellen. Wenn es dampft, zwischen Tür und Ofen einen Kochlöffel stecken. Ensaimades dick mit Puderzucker bestreuen und warm servieren.

Getränk: Heiße Schokolade zum Tunken.

Die Mallorquiner nennen sie „La Reina de Nostros Postos", die Königin unserer Insel. Die „ensaimada" ist das Nationalgebäck Mallorcas. In große, buntbedruckte Schachteln verpackt, ist sie das meistgeliebte Mitbringsel der Festlandsspanier nach einem Inselaufenthalt. Als Frühstücksgebäck konkurrieren auf Mallorca handtellergroße süße Ensaimades mit den herzhaften Gemüsekuchen. Je weiter der Tag fortschreitet, desto größer werden die Schnecken geformt, um dann am Mittag Kuchen- und am Nachmittag nicht selten Wagenradgröße anzunehmen. Besonders geschätzte Füllungen sind bei der Nachmittags-Ensaimada Kürbismarmelade und Creme oder Sahne, mit Karamel überzogen.

Aus Katalonien

Katalanische Creme

¼ Liter Milch
¼ Liter süße Sahne
1 Streifchen fein abgeschälte Zitronenschale, unbehandelt
1 Stückchen Zimtstange
160 g Zucker
5 große Eigelb
1 EL Speisestärke

Für Gäste
Schwierigkeitsgrad:
3 von 3
Zubereitungszeit:
ca. 45 Min.

Crema Catalana
Milch und Sahne in einen Topf, am besten in einen beschichteten Topf gießen. Zitronenschale, Zimtstange und 20 g Zucker zufügen. Milch und Sahne bei Mittelhitze aufkochen und vom Herd nehmen. Eigelb in eine Rührschüssel geben. 60 g Zucker und Speisestärke gut vermischen und zu dem Eigelb geben. Alles mit den elektrischen Handquirlen oder mit dem Schneebesen zu einer cremigen Masse aufschlagen. Zitronenschale und Zimtstange aus der Milchmischung nehmen. Diese nochmals aufkochen und in einem dünnen Strahl unter die Eiercreme rühren. Diese zurück in den Topf geben und unter Rühren bis kurz vor den Siedepunkt erhitzen, bis sie dick-cremig wird. Die Creme sofort auf 4–6 Portionsschüsselchen verteilen und mindestens 5–6 Stunden, am besten über Nacht kalt stellen. 1 Stunde vor dem Servieren 100 g Zucker mit 100 ml Wasser in einem Topf bei starker Hitze unter Rühren kochen, bis er karamelisiert und eine braune Farbe annimmt. Den Topfboden einmal kurz in kaltes Wasser stellen, dann 2 EL Karamel über jede Creme-Portion gießen. Die Schüsselchen bis zum Servieren kalt stellen.

Getränk: 1 Gläschen trockener Sherry Oloroso oder ein süßer Sherry Amontillado.

Tip: Statt mit einer Karamelschicht die Creme mit 1 TL braunem Zucker pro Portion bestreuen und diesen unter dem heißen Grill schmelzen und karamelisieren lassen.

Variante: In Katalonien bereitet man diese Creme nur mit Milch zu, mit Sahne schmeckt sie aber einfach noch feiner. Die Creme kann auch ohne Karamelschicht gekühlt serviert werden. Gut schmeckt dazu ein Salat aus mit süßem Sherry marinierten Orangen, Kiwis oder anderen Früchten der Saison.

Um auf der Crema catalana den krönenden Abschluß, die Karamelschicht, zu erzeugen, benutzt man in Katalonien eine dicke Metallscheibe, die über einer Gasflamme zum Glühen gebracht und so lange über die mit Zucker bestreute Creme gehalten wird, bis der Zucker sich bräunt. Den gleichen Effekt erzielt man, wenn man die mit Zucker bestreute Creme kurz unter die glühenden Heizschlangen eines Elektrogrills stellt.

Aus Asturien

Apfeltorte

250 g Mehl
1 gestrichener TL Backpulver
175 g Zucker
1 Messerspitze Salz
3 Eier
125 g feste Butter
750 g säuerliche Äpfel
¼ Liter trockener Apfel- oder Weißwein
1 Vanilleschote
100 g geschälte, und gemahlene Mandeln
Puderzucker zum Bestreuen

Für Gäste
Schwierigkeitsgrad:
2 von 3
Zubereitungszeit:
ca. 50 Min.

Tarta de Manzanas

Das Mehl mit dem Backpulver in eine Schüssel sieben. 75 g Zucker, Salz, 1 Ei und die Butter in Würfeln zufügen und alles zu einem festen Teig verkneten. Diesen in Folie wickeln und 1 Stunde ruhen lassen. Die Äpfel schälen und vierteln. Kerngehäuse herausschneiden und die Apfelviertel in Stückchen schneiden. Mit Wein in einen Topf geben. Die Vanilleschote aufschlitzen, das Mark auskratzen und mit der Schote und 50 g Zucker zu den Äpfeln geben. Alles 5 Minuten bei Mittelhitze offen kochen. Die Äpfel im Sud erkalten lassen und in ein Sieb geben. Die Vanilleschote entfernen. Den Backofen auf 200 °C vorheizen. Eine Form mit glattem Rand und 26 cm Durchmesser einfetten, den Teig ausrollen und die Form damit auslegen. Den Boden in Ofenmitte 15 Minuten vorbacken und abkühlen lassen. Eigelb und Eiweiß der 2 übrigen Eier trennen. Eiweiß zu steifem Schnee schlagen. Eigelb mit 50 g Zucker zu einer dicklichen Creme rühren. Eischnee und Mandeln darauf geben und unterziehen. Die Äpfel auf dem Teigboden verteilen, den Mandelschaum aufstreichen und den Kuchen in Ofenmitte 25 Minuten backen. Nach dem Abkühlen mit Puderzucker bestreuen.

Aus dem „Apfelland" Asturien stammt die besonders köstliche Apfeltorte. An die 250 verschiedene Apfelsorten werden dort angeblich geerntet und vor allem zu „sidra", Apfelwein, verarbeitet. Die Torte kann zu einem Kaffee serviert werden – oder auch als Dessert. Dann paßt ein Glas gekühlter „cava", spanischer Sekt, ausgezeichnet dazu.

ODORNÍU
BRUT

Aus dem Baskenland und Navarra

Puddingschnitten

½ Liter vollfette Milch
2 gehäufte EL Mehl
3 gehäufte EL Speisestärke
30 g Butter
4 EL Zucker
je 1 Streifen dünn abgeschälte Zitronen- und Orangenschale von unbehandelten Früchten
1 Stückchen Zimtstange
4 Eigelb von mittelgroßen Eiern
150 ml Olivenöl, kaltgepreßt, zum Ausbacken
1 Ei
50 g feines Paniermehl zum Wenden
2 EL Zimtzucker

Raffiniert. Für Gäste
Schwierigkeitsgrad:
2 von 3
Zubereitungszeit:
ca. 1 Stunde

Leche Frita
Die Milch in einen Topf geben. Mehl und Speisestärke vermischen, auf die Milch sieben und mit dem Schneebesen klümpchenfrei unterrühren. Butter, Zucker, Zitronen- und Orangenschale und Zimtstange zufügen und alles bei schwacher Hitze unter ständigem Rühren 2 Minuten kochen. Den Topf vom Herd nehmen, Zitronen- und Orangenschale sowie die Zimtstange entfernen. Nach und nach die Eidotter unterrühren und nochmals unter Rühren erhitzen, bis die Creme noch dicker wird, doch nicht mehr aufkochen. Eine eckige Glas- oder Porzellanform, ca. 18 x 24 cm groß, kalt ausspülen und den Pudding hineingeben, glattstreichen und 4–5 Stunden in den Kühlschrank stellen. Dann den Pudding mit einem in heißes Wasser getauchten Messer in 12 Quadrate schneiden, Kantenlänge etwa 6 cm. Das Öl in einer Pfanne gut erhitzen. Das Ei in einem tiefen Teller verquirlen, das Paniermehl auf einem flachen Teller ausbreiten. Die Puddingschnitten zuerst in Ei, dann in Paniermehl wenden und auf beiden Seiten goldbraun backen. Mit Zimtzucker bestreuen und warm servieren.

Tip: Dazu kann man ein Kompott aus Kirschen oder einen Orangensalat reichen.

Die Molkereiprodukte des Baskenlandes sind von bester Qualität. Vor allem der Käse macht der Region alle Ehre. Milch, Sahne und Butter werden reichlich in der Küche verwendet, so auch für „leche frita“, wörtlich übersetzt „gebratene Milch“. Das köstliche Dessert kennt und liebt man inzwischen in ganz Spanien. Seine Herstellung ist raffiniert und einfach zugleich, wie so viele Gerichte der spanischen Küche. Nach Leche frita sollte man einen „pacharán“ genießen, einen süßen, roten Likör aus Schlehen und Anis. Nicht nur in Navarra, seiner Heimat, sondern auch im benachbarten Baskenland wird er gerne eiskalt als krönender Abschluß eines reichhaltigen Mahles getrunken.

Walnusstäschchen
Kaffee mit Brandy

WALNUSSTÄSCHCHEN
Ergibt etwa 18 Stück

175 g Walnußkerne
5 EL süßer
Sherry Amontillado
70 g Zucker
60 g Butter
1 TL gemahlener Zimt
250 g tiefgekühlter
Blätterteig
Mehl zum Arbeiten
1 Ei

Schwierigkeitsgrad:
1 von 3
Zubereitungszeit:
etwa 40 Min.

KAFFEE MIT BRANDY
½ Liter starker Kaffee,
frisch aufgebrüht
4 cl spanischer
Weinbrand
oder Anis de Chinchón
4 TL brauner Zucker
8 Kaffeebohnen

Schwierigkeitsgrad:
1 von 3
Zubereitungszeit:
ca. 15 Min.

WALNUSSTÄSCHCHEN
Casadielles
Die Walnüsse im elektrischen Blitzhacker fein zerkleinern. Sherry, Zucker, Butter und Zimt in einem Topf bei sanfter Hitze verrühren, dabei die Butter und den Zucker schmelzen und alles in eine Schüssel geben. Die Walnüsse unterrühren. Sollte die Mischung zu fest und bröselig werden, noch 1 EL Sherry unterrühren. Den Backofen auf 220 °C vorheizen. Die Blätterteigscheiben zum Auftauen auf einer bemehlten Fläche auslegen. Dann sehr dünn zu 2 großen Quadraten von 30 x 30 cm ausrollen und in kleine Quadrate von jeweils 10 x 10 cm ausschneiden, also zu insgesamt 18 Quadraten. In jede Mitte ein wenig Nußmischung geben. Das Ei verquirlen, die Ränder damit einpinseln und die Quadrate zu Dreiecken falten. Die Ränder der Täschchen mit den Zinken einer Gabel fest zusammendrücken. Das Blech mit Backpapier auslegen, die Dreiecke darauf plazieren, mit dem restlichen Ei bestreichen und in Ofenmitte 15–20 Minuten backen.

Dieses leichte Gebäck aus Asturien wird auch gerne mit einer Haselnußfüllung, gewürzt mit Anislikör, gebacken oder in reichlich Öl in der Pfanne fritiert. Der Anislikör kommt aus Chinchón, einem Dorf in der Region Madrid. Mit ihm aromatisiert man auch oft ein anderes Dessert: frische Erdbeeren. Sie werden mit „anis de chinchon“ beträufelt, mit Zucker bestreut – dann läßt man sie so lange ziehen, „wie man zum Tanzen einer ‚sardana‘ braucht“, etwa eine halbe Stunde.

KAFFEE MIT BRANDY
El Carajillo
Den Kaffee auf vorgewärmte kleine Tassen verteilen. Brandy oder Anisschnaps, Zucker und Kaffeebohnen zufügen und sofort servieren.

El carajillo gilt als „Wunderwaffe“ gegen Kälte und Nässe, die sich auch im spanischen Winter, vor allem in den Bergregionen und im Norden, unangenehm bemerkbar machen können. Dann wärmt man sich gerne mit einem morgendlichen Kaffee mit Brandy oder einem Schuß Anislikör auf.

BRANDY DE
VETERA
SOLERA
OSBOR

Von den Kanarischen Inseln

Kürbisküchlein Honigbananen

KÜRBISKÜCHLEIN
500 g gelber Gartenkürbis oder Hokaido-Kürbis, ohne Schale und Kerne gewogen
2 mittelgroße Eier
50 g Zucker
1 Messerspitze Salz
¼ TL gemahlener Anis
½ TL abgeriebene Zitronenschale, unbehandelt
1 EL Rum (oder 2–3 Tropfen Rumaroma)
200 g Mehl
½ TL Backpulver
150 ml Oliven- oder Sonnenblumenöl zum Braten
Zucker und Zimt zum Bestreuen

Schwierigkeitsgrad:
1 von 3
Zubereitungszeit:
etwa 30 Min.

HONIGBANANEN
4 nicht zu weiche Bananen
2 EL Honig
½ TL Zimtpulver
3 EL Sonnenblumenöl
nach Geschmack 20 ml Bananenlikör oder Rum

Schwierigkeitsgrad:
1 von 3
Zubereitungszeit:
etwa 20 Min.

KÜRBISKÜCHLEIN
Tortita de Calabaza
Den geschälten Kürbis in große Stücke schneiden, in einen Topf geben, so viel Wasser zugießen, daß er gerade bedeckt ist. Die Kürbisstücke bei Mittelhitze in 6–8 Minuten weich kochen, in einem Sieb abtropfen lassen. Die Eier mit Zucker und Salz in einer Schüssel mit dem elektrischen Handquirl zu einer dicklichen Creme verrühren. Anis, Zitronenschale und Rum unterrühren. Den Kürbis mit dem Mixstab pürieren und unter die Eiercreme rühren. Das Mehl mit Backpulver vermischen, über den Kürbisteig sieben und unterrühren. Etwas Öl in der Pfanne stark erhitzen. Aus je 1 EL Kürbisteig Pfannküchlein backen, nach Bedarf Öl zugeben. Die Küchlein auf Küchenpapier entfetten. Mit Zucker und Zimt bestreut warm servieren.

Kürbisse verschiedener Art bilden in der Inselküche der Kanaren einen festen Bestandteil. Die subtropischen Früchte brachten die Eroberer aus Mexiko mit. Kürbisse werden als Gemüse zubereitet, aber auch in Suppen und Eintopfgerichten, für Marmelade und Süßspeisen verwendet.

Der große, gelbe Gartenkürbis, „calabaza", erfreut sich auch deshalb großer Beliebtheit, weil er sich lange aufbewahren läßt. Unversehrt und kühl gelagert, hält er sich von der Ernte im Herbst fast bis zum Frühjahr.

HONIGBANANEN
Plátanos con Miel
Die Bananen schälen, der Länge nach halbieren. Das Öl in einer großen Pfanne mittelstark erhitzen und die Bananen nebeneinander in die Pfanne legen, auf schwache Hitze schalten. Die Bananen 5 Minuten nur von einer Seite braten. Den Honig darauf verteilen, den Zimt darüberstreuen. Nach Geschmack mit Likör oder Rum überträufeln.

Die ersten Bananenplantagen auf Teneriffa entstanden bereits 1402. Die Portugiesen hatten sie von Afrika aus eingeführt. Nach und nach baute man auch auf den anderen Inseln die nahrhaften Früchte an. Besonders geschätzt ist die mittelgroße, sehr aromatische, süße Zwergbanane „pequeña enana", die auf Teneriffa, La Gomera, La Palma und Gran Canaria angebaut wird.

Aus Navarra
Spanische Levante

Pfirsiche in Rotwein
Rotwein-Bowle

PFIRSICHE IN ROTWEIN
Für 6 Portionen

6 große Pfirsiche
¾ Liter trockener Rotwein aus Navarra oder Rioja
50 g Zucker
und 3 TL Zucker
1 Stückchen Zimtstange
2 Gewürznelken
einige Minzeblättchen zum Garnieren

Schwierigkeitsgrad:
1 von 3
Zubereitungszeit:
ca. 30 Min.

ROTWEIN-BOWLE
6–8 Eiswürfel
1 Flasche trockener Rotwein aus La Mancha oder Valencia, gekühlt
1 Stück fein abgeschälte Schale von 1 unbehandelten Zitrone
½ Liter frisch gepreßter Orangensaft
100 ml frisch gepreßter Zitronensaft
2 EL Zucker
¾ Liter Mineralwasser, gut gekühlt

Schwierigkeitsgrad:
1 von 3
Zubereitungszeit:
ca. 30 Min.

PFIRSICHE IN ROTWEIN
Melocotón en Vino Tinto
Den Backofen auf 180 °C vorheizen. Die Pfirsiche mit kochendheißem Wasser übergießen, kurz stehen lassen, kalt abschrecken und häuten. Die Pfirsiche nebeneinander in eine hohe Auflaufform setzen. Den Rotwein mit 50 g Zucker und den Gewürzen in einem Topf unter Rühren erhitzen, der Zucker soll sich dabei auflösen. Den Wein über die Pfirsiche gießen. Die Form mit Alufolie verschließen und für 30 Minuten in Ofenmitte setzen. Nach 15 Minuten die Pfirsiche umdrehen und fertig garen. Die Folie abnehmen. Auf jeden Pfirsich ½ TL Zucker streuen. Den Grill anschalten und die Pfirsiche 1–2 Minuten darunter stellen, damit der Zucker karamelisiert. Die Pfirsiche im Wein erkalten lassen. Auf Dessertteller setzen, etwas Wein angießen und die Früchte mit Minze garnieren.

Tip: Dazu schmeckt Vanilleeis köstlich.

Wie Pfirsiche werden für ein Dessert auch gerne geschälte ganze Birnen in Rotwein gegart. Besonders aromatisch schmeckt die Garflüssigkeit, die man zuletzt, ohne Früchte, noch so lange einkochen kann, bis sie eine sirupartige Konsistenz angenommen hat. Sie dient den Früchten als Sauce.

ROTWEIN-BOWLE
Sangria
Eiswürfel und Wein in einen bauchigen Glas- oder Keramikkrug gießen. Die Zitronenschale hineingeben und ½ Stunde ziehen lassen. Die Fruchtsäfte und den Zucker unterrühren, so daß er sich auflöst. Das Mineralwasser zugießen und das Erfrischungsgetränk servieren.

Für die Zubereitung der Sangria kursieren zahlreiche Rezepte. In Andalusien reichert man die Bowle mit Orangenscheiben, Pfirsich- oder Apfelstücken an, in anderen Gebieten mit einem Schuß Bananenlikör oder Brandy, oder man würzt sie zusätzlich mit etwas Zimt. Doch eigentlich sollte die Sangria ein leichtes Erfrischungsgetränk bleiben, das keinen schweren Kopf macht. In den heißen Gebieten Spaniens genießt man die Bowle gerne am Spätnachmittag oder am frühen Abend und serviert dazu einige Tapas.

Dreikönigskranz

Für 8 Portionen

50 g Zucker
½ Würfel Hefe (21 g)
100 ml lauwarme Milch
350 g Mehl und Mehl zum Arbeiten
½ TL Salz
je 1 TL fein abgeriebene Orangen- und Zitronenschale von unbehandelten Früchten
50 g weiche Butter
2 Eier
2 EL brauner Rum
2 EL Orangenblütenwasser (a.d. Apotheke)
Öl für die Schüssel
Fett für die Form
1 Eiweiß
25 g Mandelblättchen
kandierte Kirschen, Mandarinenviertel und Zitronatstückchen zum Garnieren

Festlich
Schwierigkeitsgrad:
2 von 3
Zubereitungszeit:
ca. 30 Min

Roscón de Reyes

In einem Schüsselchen Hefe mit 1 EL Zucker und der Milch verrühren. 50 g Mehl einrühren und zugedeckt an einen warmen Platz stellen, bis die Hefe zu schäumen beginnt. Das restliche Mehl mit dem Salz in eine Schüssel sieben und den restlichen Zucker, Zitronen und Orangenschale untermischen. Die Butter zufügen und unter das Mehl mischen. Dabei Mehl und Butter zwischen den Händen so lange verreiben, bis eine feinkrümelige Masse entstanden ist. Die Eier mit Rum und Orangenblütenwasser verquirlen. In die Mitte der Mehl-Butter-Mischung eine Vertiefung eindrücken, Eiermischung und Vorteig hineingeben und alles mit einem Holzlöffel zu einem zähen, klebrigen Teig verarbeiten. Diesen auf eine gut bemehlte Arbeitsfläche geben, mit Mehl bestreuen und mit den Händen kneten und schlagen, bis er glatt und elastisch, dabei aber noch relativ weich ist. Eine Schüssel mit Öl auspinseln, den Teig hineinlegen und zugedeckt an einem warmen Platz 1 Stunde gehen lassen. Den Teig auf der bemehlten Arbeitsplatte durchkneten und die *haba* hineingeben: eventuell eine kleine Porzellanfigur – oder auch eine Münze. Den Teig zu einer Wurst formen. Eine Springform von 26 cm Durchmesser einfetten und den zu einem Ring geformten Teig hineinlegen, die Enden verbinden und zugedeckt 45 Minuten gehen lassen. Einen Streifen doppelt gefaltete Alufolie zu einem kleinen Ring formen und in die Mitte des Kranzes setzen, damit die Öffnung erhalten bleibt. Den Backofen auf 180 °C vorheizen. Den Ring mit verquirltem Eiweiß einpinseln, mit Mandelblättchen und kandierten Früchten belegen und in Ofenmitte 30 Minuten backen. Noch 5 Minuten in der Form lassen, dann auf ein Kuchengitter legen.

Getränk: Eine heiße Schokolade zum Reintunken ist ein „Muß“.

Der Tag der Heiligen Drei Könige („Los Reyes Magos“) ist in Spanien traditionell der Tag der Kinderbescherung. Für eine besondere Überraschung sorgt regelmäßig die in diesem festlichen Gebäck verborgene „haba“, früher eine Bohne, heute eine kleine Porzellanfigur oder eine Münze. Wer sie entdeckt, wird zum König des Festes ernannt und darf bestimmen, was gespielt wird.

DIE REZEPTE NACH REGIONEN

Soweit in den Rezepten nichts anderes vermerkt ist, sind die Zutaten für vier Personen berechnet.

Erklärung der Schwierigkeitsgrade: 1 = einfach, 2 = etwas schwieriger, 3 = für Geübte

Die Rezepte nach Gruppen

Soweit in den Rezepten nichts anderes vermerkt ist, sind die Zutaten für vier Personen berechnet.

Erklärung der Schwierigkeitsgrade: 1 = einfach, 2 = etwas schwieriger, 3 = für Geübte

Fleisch, Geflügel und Wild

Süßes und Getränke

Die Rezepte alphabetisch

Soweit in den Rezepten nichts anderes vermerkt ist, sind die Zutaten für vier Personen berechnet.

Erklärung der Schwierigkeitsgrade: 1 = einfach, 2 = etwas schwieriger, 3 = für Geübte

Bildquellen
Impressum

Archiv für Kunst und Geschichte: 9

Bilderberg: José Azel/Aurora 14/15; Johanna B. Pinneo/Aurora 16, 17, 56, 62, 63; Rainer Drexel 18; Klaus D. Francke 21, 22/23, 28, 40, 41; Andrej Reiser 27, 48, 49; Tino Soriano 43; Eberhard Grames 50

Focus: 26; BRNO Barbey/Magnum 19; Christopher Pillitz 29; H. Gruyaert/Magnum 52; Fritz Dressler 60; Olaf Tamm 61

Bruno Hausch: 8

IFA-Bilderteam: Aberham 34; Forkel 2; K. Welsh 12, 45; Aigner 39; Bohnacker 42; Int. Stock 51; E. Pott 53; Diaf 55;

José Bono Martínez: 7

Gregor M. Schmid: 10, 11, 13, 20, 25, 30/31, 32, 33, 35, 37, 44, 46/47, 54, 57

Sigloch Edition/Bildarchiv: Hans Joachim Döbbelin 24, 64–183

Ernst Wrba: 58/59

Danksagung

Ein herzliches Dankeschön für die Hilfe am Zustandekommen dieses Buches richten Autorin und Verlag an: J. Carlos Sanz und Pauline Perez, Spanisches Generalkonsulat, Handelsabteilung, Düsseldorf; Brita Schleinitz, Spanisches Fremdenverkehrsamt Frankfurt a. M.; Bettina Krücken, Spain Gourmetour, Madrid; Rosemarie Klose, novotur, Pamplona; Dr. Muth PR, Informationsbüro Sherry, Hamburg; Annemarie Barrón, Sancho Panza, München; Angeles Kretzschmar, Schwäbisch Hall; Peter Abegg, VinEspa, Mönchengladbach. Anna Maria Böhme, Weingarten.

Reproduktion: Otterbach Repro, Rastatt

Satz: Sigloch Edition, Künzelsau

Druck: Druckerei W. Kohlhammer, Stuttgart

Papier: 135 g/m^2 nopaCoat glänzend chlorfrei der Nordland Papier AG, Dörpen

Bindearbeiten: Sigloch Buchbinderei, Künzelsau

ISBN 3-89393-156-2

REIHENWEISE
KULINARISCHE KÖSTLICHKEITEN

In gleicher Ausstattung sind weitere Titel lieferbar.